EINFACH PERFEKT UNPERFEKT

CHARLOTTE WEISE

CHARLOTTE WEISE

EINFACH PERFEKT UNPERFEKT

VORWORT

ESSEN, MUSIK UND GUTE LAUNE – diese drei Dinge begleiten mich schon mein ganzes Leben. Früher haben wir mit meiner Mama in der Küche zu Gute-Laune-Musik getanzt, danach lecker gegessen und viel gelacht. Meiner Mutter war es immer sehr wichtig, dass wir gesunde und hochwertige Lebensmittel zu Hause haben, und das hat sich auf mich übertragen. Wir kaufen einmal pro Woche frisches Obst und Gemüse bei einer Biofarm ein und haben immer einen prall gefüllten Kühlschrank. Wir geben das meiste Geld für Nahrungsmittel aus – aber gutes Essen macht mich einfach glücklich. Ich liebe es, bunt und vielfältig zu essen! Bei uns wird nichts schlecht oder landet in der Tonne. Wir verwerten alles! Zusammensitzen und gemeinsam essen ist auf jeden Fall eines unserer liebsten Hobbys – ob mit Freunden oder nur für uns: Essen wird immer zelebriert.

Mit 17 Jahren bin ich von zu Hause ausgezogen, um eine Ausbildung in einer anderen Stadt zu beginnen. Seit diesem Zeitpunkt habe ich mich größtenteils vegetarisch ernährt. Da ich im Waldorfkindergarten und in der Waldorfschule war, hatte ich immer viele vegetarisch lebende Freundinnen und Freunde. Nur bei uns zu Hause gab es manchmal Fleisch oder Fisch aus biologischer Haltung. Im Laufe der Jahre habe ich immer mehr auf vegan umgestellt und mich intensiver mit dem Thema befasst. Mittlerweile ernähre ich mich seit etwa 7 Jahren größtenteils vegan und esse Eier oder Käse nur noch selten, wenn ich weiß, woher die Lebensmittel stammen.

Als ich mit Instagram begann, habe ich sehr häufig mein Essen gezeigt, weswegen meine Highlights mit Rezepten prall gefüllt sind. Meine Community hat mich dann immer öfter gefragt, wann ich denn endlich ein Kochbuch rausbringe. Ende 2021 begann der Buchprozess und wurde durch die Frühgeburt meines Sohns unterbrochen. Mit helfenden Händen und viel Arbeit zwischendurch konnte das Kochbuch doch noch veröffentlicht werden. Deshalb freu ich mich jetzt umso mehr, dass es endlich geschafft ist und du es in deinen Händen halten kannst. Alle meine Rezepte sind leicht und größtenteils schnell in der Zubereitung, sättigen gut und schmecken richtig lecker. Damit du immer findest, worauf du gerade Lust hast, sind die Kochbuch-Kapitel nach Zutaten sortiert. Außerdem erwarten dich in jedem Kapitel thematische Sonderseiten, auf denen ich dir wertvolle Anregungen und praktische Tipps mitgebe.

Ich möchte dich mit diesem Kochbuch dazu inspirieren, vegan, gesund und bunt zu essen – ohne dabei den Zeigefinger zu erheben.

Ich wünsche dir viel Spaß beim Nachkochen!

Deine *Charlotte*

MEINE PHILOSOPHIE

ICH LIEBE ES zu tanzen, zu singen, am Strand zu spazieren, meinen Hula-Hoop zu schwingen, meinen Hund und Freund zu kuscheln, Zeit mit meinem Baby zu verbringen und zu essen! Ich esse mindestens genauso viel wie mein Freund und liebe meine Rundungen. Ich hatte zum Glück nie ein negatives Verhältnis zum Essen und zu meinem Körper und versuche diese positive Einstellung an andere Menschen weiterzugeben. Essen macht mich glücklich, Essen nährt mich, deshalb ist mir die Qualität der Lebensmittel sehr wichtig!

MEIN WEG ZUR VEGANEN ERNÄHRUNG

Einige Veganer*innen würden wohl behaupten, dass ich keine »Vorzeige-Veganerin« bin, denn wenn ich unterwegs oder auf Reisen bin, mache ich manchmal Ausnahmen. Dann darf es auch mal ein vegetarisches Gericht oder ein Bio-Ei sein. Ich will nicht missionieren, ich möchte inspirieren!

Bis ich auf eine vegane Ernährung umgestellt habe, war es eine lange Reise. Ich bin in einem Umfeld groß geworden, in dem wenig oder gar kein Fleisch gegessen wurde.
Mit 17 Jahre zog ich von zu Hause aus, begann meine Ausbildung zur Friseurin und beschloss von nun an mich vegetarisch zu ernähren. Natürlich gab es ab und zu Ausnahmen, z. B. im Restaurant, bei Freund*innen oder in meiner Küche. Auch wenn ich ausschließlich Bio-Produkte kaufte, war mir früh bewusst, dass mein langfristiges Ziel eine vegane Ernährung ist. Die Gründe dafür sind vielfältig – es geht mir um das Tierwohl, die Umwelt, Nachhaltigkeit und meine Gesundheit. Ich begann also nach und nach vegetarische Produkte

mit veganen zu ersetzen. Als Erstes tauschte ich Kuhmilch gegen Haferdrink. Das fiel mir zu Beginn sehr schwer, weil mir Haferdrink anfangs überhaupt nicht schmeckte. Dann griff ich auf einen Trick zurück, den ich dir ebenfalls ans Herz legen möchte: Ich aß mein Müsli nicht mit purem Haferdrink, sondern streckte diesen mit einer veganen Soja-Joghurt-Alternative mit Vanillegeschmack. Nach und nach reduzierte ich dann den Joghurtanteil und irgendwann schmeckte mir der Haferdrink – sowohl im Müsli als auch im Kaffee oder pur. Käse zu ersetzen, stellte sich ebenfalls als Herausforderung für mich dar. Mittlerweile habe ich meine Lieblingsprodukte gefunden und vermisse Kuhmilchkäse gar nicht mehr. Mit 20 Jahren habe ich dann gar kein Fleisch mehr gegessen.

Ich spreche aus Erfahrung und kann gut nachvollziehen, dass der Start in die vegane Ernährung oftmals schwerfällt. Ich möchte dir daher den Tipp geben, dir viel Zeit für die Umstellung zu nehmen. Es muss nicht von heute auf morgen passieren. Wenn du dich noch nicht vegan ernährst und von Anfang an alles perfekt machen möchtest, kann das zu großem Druck und Frust führen. Du könntest schnell die Motivation verlieren, wenn du es nicht schaffst, deinen hohen Erwartungen gerecht zu werden, und das wäre sehr schade. Es braucht einfach Zeit, bis du dir das entsprechende Wissen angeeignet und einige Rezepte gesammelt hast, die dir schmecken und auf die du im Alltag zurückgreifen kannst. Zudem sind unsere Geschmacksrezeptoren anfangs noch an den Geschmack von Fleisch, Käse und Milch gewöhnt. Auch hier bedarf es etwas Zeit der Umgewöhnung. Als Veganer*in ist es außerdem wichtig, dass du auf eine ausgewogene, nährstoffreiche Ernährung achtest, sonst besteht das Risiko, dass du dich zu einseitig ernährst und einen Nährstoffmangel entwickelst. Aber darauf gehe ich auf Seite 14 näher ein.

MEIN LEBENSMOTTO: PERFEKT UNPERFEKT

Auch abseits meiner Ernährung lebe ich nach dem Motto »perfekt unperfekt«. Ich versuche in allen Lebensbereichen den größten Spaßfaktor zu finden und mir das Leben so schön wie möglich zu gestalten. Ich komme aus einer sehr sportlichen Familie. Meine Eltern unterrichten beide Sport an einer Schule. Trotzdem folge ich keinem strengen Sportplan. Ich mache nur das, was mir Spaß macht! Dazu gehören vor allem Spaziergänge, Tanzen und Hula-Hoop. Beim Essen achte ich nicht auf die Menge, sondern spüre intuitiv, wann ich genug habe, und höre auf, sobald ich satt bin. Ich folge keinem Schönheitsideal und zeige mich, wie ich bin. In meinen Storys auf Instagram benutze ich bewusst keine Filter und möchte damit ein Vorbild sein. Viel wichtiger als das Aussehen ist doch, wie wir uns in unserem Körper fühlen. Mit meinen Tanzvideos möchte ich dich dazu motivieren, deinen Körper zu spüren und so anzunehmen, wie er ist. Denn: Nobody is perfect!

Für mich ist Perfektion kein erstrebenswertes Ziel. Ich finde, das Leben ist so viel einfacher, wenn wir erkennen, dass wir nicht alles zu 100 Prozent schaffen müssen. Auch in Bezug auf unsere Arbeit: Ich liebe meine Arbeit sehr, aber achte darauf, nicht zu viel zu arbeiten, um Stress zu vermeiden. Auch zwischenmenschliche Beziehungen können Energie rauben und stressig sein. Daher wähle ich meine Freundschaften gezielt aus und verbringe bewusst Zeit mit den Menschen, die mir guttun.

MEINE GEDANKEN ZUR NACHHALTIGKEIT

Generell liegt mir das Thema Nachhaltigkeit sehr am Herzen! Seit Jahren verwende ich Naturkosmetik und bei meiner Kleidung achte ich darauf, dass sie entweder fair produziert ist, oder ich trage secondhand. Wenn ich das Haus verlasse, habe ich immer einen Jutebeutel für mögliche Einkäufe dabei. Meine Lebensmittel kaufe ich zudem möglichst regional und saisonal ein. Da ich gerne viel Obst und Gemüse esse, gestalte ich meine Gerichte bunt und abwechslungsreich. Ein Salat besteht bei mir nicht nur aus grünen Blättern, sondern enthält beispielsweise auch Tomaten, Paprika, Mais und Rotkohl. Meine Tipps für eine nachhaltige Ernährung findest du auf Seite 13.

Dennoch gilt auch hier: Niemand ist perfekt! Im Vergleich zu anderen veganen Kochbüchern findest du bei mir nicht nur zu 100 Prozent nachhaltige bzw. gesunde Rezepte. Ich greife auch gerne mal auf Fertigprodukte zurück, wenn es schnell gehen muss. Diese sind zwar industriell stark verarbeitet, aber sie bieten meiner Ernährung eine willkommene Abwechslung und führen zu weniger Stress im Alltag. Ich genieße auch mal Pizza, Pommes und Kuchen oder Süßes, wie Amerikaner und Crêpes. Sich vegan zu ernähren, bedeutet also nicht immer automatisch, sich gesund zu ernähren. Aber ich finde, ab und zu darf man sich auch etwas gönnen. Am Ende des Tages ist das Maß entscheidend!

DEIN EINSTIEG IN DIE VEGANE ERNÄHRUNG

DU MÖCHTEST DICH gerne vegan ernähren, weißt aber nicht so recht, was du kochen solltest und worauf du achten musst? Keine Sorge, damit dir die Umstellung auf eine vegane Ernährung leichter fällt, habe ich hier ein paar Tipps für dich!

1 STARTE MIT KLEINEN SCHRITTEN

Wenn du dir vornimmst, deine Ernährung von jetzt auf gleich auf vegan umzustellen, kann das überfordernd sein und dir die Motivation nehmen. Fang lieber in kleinen Schritten an und beginne beispielsweise mit einem oder zwei veganen Tagen in der Woche. Oder du wählst dir eine Mahlzeit am Tag aus, die du rein pflanzlich zubereitest. Meine Rezepte bieten dir hierfür ganz viel Inspiration.

2 ERSTELLE DIR EINE REZEPTSAMMLUNG

Du wirst schnell auf vegane Rezepte stoßen, die dir sehr gut schmecken. Schreibe sie auf oder speichere sie dir ab, damit du immer wieder darauf zurückgreifen kannst und nicht jedes Mal den Zeitdruck hast, dir etwas Neues zu überlegen.

3 WANDLE DEIN LIEBLINGSGERICHT UM!

Dein Lieblingsrezept zu veganisieren, ist gar nicht so schwer. Kartoffelgratin, Nudeln mit Käsesauce, Russischer Zupfkuchen oder Kaiserschmarren – auch wenn ich vegan esse, muss ich nicht auf meine all-time favorites verzichten. In der Austauschtabelle auf Seite 12 findest du wertvolle Tipps, die dir dabei helfen, tierische Lebensmittel durch vegane zu ersetzen. Mit diesem Wissen fällt der Start in die vegane Ernährung leichter.

4 BEZIEHE DEIN UMFELD EIN!

Wenn deine Freund*innen oder Arbeitskolleg*innen offen und neugierig für veganes Essen sind, schlag ihnen doch den Besuch eines veganen Restaurants vor oder kocht gemeinsam ein veganes Abendessen.

5 ISS BUNT!

Versuche mindestens fünfmal am Tag eine Portion Obst und Gemüse zu essen. Plane bestenfalls zu jeder Hauptmahlzeit ein bis zwei Portionen ein. Ein Blick auf die vegane Ernährungspyramide auf der nächsten Seite zeigt dir, worauf du bei deiner Lebensmittelwahl achten solltest. Mit einem Glas Smoothie kannst du auch mal ein bis zwei Portionen Obst oder Gemüse am Tag ersetzen. Rezepte findest du auf Seite 151.

6 NIMM GENUG PROTEINE ZU DIR!

Proteine (Eiweiße) sind für unseren Körper neben Fetten und Kohlenhydraten mit einer der wichtigsten Makronährstoffe. Gerade bei einer veganen Ernährung solltest du darauf achten, jeder Mahlzeit eine Proteinquelle zuzufügen. Es gibt viele hochwertige pflanzliche Proteinlieferanten – und besonders in Kombination stehen sie tierischem Eiweiß in nichts nach.

Achte bei deinen Mahlzeiten darauf, Getreideprodukte, Quinoa & Co. mit Hülsenfrüchten oder Sojaprodukten zu kombinieren. Füge deinem Essen Nüsse, Kerne und Samen hinzu. Somit garantierst du eine gute Versorgung mit allen essenziellen Aminosäuren.

VEGANE ERNÄHRUNGSPYRAMIDE

UM SICH GESUND vegan zu ernähren, ist eine ausgewogene Ernährung sehr wichtig. Die vegane Ernährungspyramide soll dir dabei eine Hilfestellung bieten. So bekommst du ein Gefühl dafür, welche Lebensmittelgruppen du in welchem Verhältnis aufnehmen solltest.

Süßigkeiten, Knabbereien und Alkohol

Öle und Fette

Eiweißprodukte, Hülsenfrüchte, Pflanzendrinks, Nüsse und Samen

Vollkorngetreide, Pseudogetreide und Kartoffeln

Obst, Gemüse und Salat

Getränke (Wasser, Kräuter- und Früchtetees, verdünnte Saftschorlen)

VEGANE AUSTAUSCHTABELLE

MILCHPRODUKTE

Butter	(Feste) Margarine oder Kokosöl
Frischkäse	Pflanzlicher Aufstrich auf Basis von z. B. Mandeln, Süßlupinen oder Sojabohnen
Joghurt	Vegane Jogurt-Alternative aus Kokos, Mandel oder Hafer
Käse	Vegane Käse-Alternative auf Basis von z. B. Cashewnüssen, Kokosöl, Sojabohnen oder Kichererbsen
Milch	Hafer-, Mandel- oder Sojadrink
Parmesan	Vegane Parmesan-Alternative auf Basis von Mandeln, Cashewkernen und Hefeflocken
Sahne	Vegane Sahne-Alternative aus Hafer, Soja oder Reis (Creme Cuisine)

FLEISCHPRODUKTE

Fleisch	Tofu, Tempeh, Seitan, Lupinen, Jackfruit
Fleischbrühe	Gemüsebrühe
Hackfleisch	Tofu, Seitan, Granulat aus Soja-, Sonnenblumen- oder Erbsenprotein

VEGAN BACKEN

1 Ei	Ei-Ersatzpulver (ca. 2 TL Pulver mit 40 ml Wasser verrühren und quellen lassen)
	Bananen- oder Apfelmus (ca. 80 g)
	Chiasamen oder geschrotete Leinsamen (ca. 1 EL mit 5 EL Wasser verrühren und quellen lassen)
	Stärkemehl (ca. 1 EL Stärke mit 1 EL Wasser verrühren)
	Kichererbsenmehl (ca. 1 EL Mehl mit 1 EL Wasser verrühren)
	Aquafaba (ca. 40 g aufgeschlagenes Kichererbsenwasser)
Eischnee	Agar-Agar, Apfelpektin, Johannisbrotkernmehl
Geliermittel	
Honig	Agavendicksaft, Ahorn- oder Kokosblütensirup
(Vollmilch-)Schokolade	Zartbitter-, Edelbitter- oder feinherbe Schokolade mit einem hohen Kakaoanteil von 60 Prozent und, je nach Sorte, Zusatz von Pflanzendrink

FÜR EINE NACHHALTIGE ERNÄHRUNG

Wenn du dein Leben nachhaltiger gestalten möchtest, empfehle ich dir, getreu meinem Lebensmotto »perfekt unperfekt«, das Schritt für Schritt zu tun und dir nicht zu viel Druck zu machen. Ich erlebe leider oft, dass Perfektionismus dazu führen kann, andere Menschen oder sich selbst zu verurteilen. Dabei zählt jeder kleine Schritt! Wenn viele Menschen ihr Leben ein Stück nachhaltiger gestalten, ist das in der Masse gesehen besser, als wenn nur wenige Menschen ein perfekt nachhaltiges Leben führen würden.

Wenn du dir über deinen aktuellen Lebensstil bewusst bist und dir Gedanken über die Umwelt machst, ist schon eine gute Grundlage gesetzt. Hier habe ich noch ein paar Tipps für dich:

BIO-PRODUKTE

Wenn du nicht gerade in einem Bio-Laden einkaufen gehst, erkennst du Bio-Produkte im Supermarkt an den verschiedenen Siegeln. Es gibt hier zwar Unterschiede in den Kriterien, aber dennoch haben so gut wie alle etwas gemeinsam: Der Einsatz von Gentechnik oder Pflanzenschutzmitteln wird vermieden und bei der Produktion wird weitestgehend auf das Tierwohl geachtet.

SAISONAL

Mach dich mit einem Saisonkalender vertraut und lebe mit den Jahreszeiten! Saisonales Obst und Gemüse kommt meistens aus dem eigenen Land und wurde nicht extra vom anderen Ende der Welt eingeflogen. In den Wintermonaten kannst du auf tiefgekühlte Produkte zurückgreifen.

REGIONAL

Kurze Anfahrtswege und Transporte vermindern den CO_2-Ausstoß. Wenn du die Möglichkeit hast, unterstütze die Händler*innen vor Ort: Besuche einen Hofladen oder genieße einen Einkauf auf dem Wochenmarkt! Vielleicht magst du dich auch selbst am Gärtnern üben und bepflanzt deinen eigenen oder einen gemeinschaftlichen Garten?

UNVERPACKT

Plastikabfälle vermüllen unsere Lebensräume auf der Erde. Daher möchte ich dir nahelegen, beim Einkaufen darauf zu achten, Verpackungen so gut es geht zu vermeiden. Seit Januar 2022 sind Plastiktüten in Supermärkten verboten, doch auch für Papiertüten werden Ressourcen in Anspruch genommen. Deswegen nimm dir bei jedem Einkauf deine eigene Tüte oder Taschen von zu Hause mit. Für Obst und Gemüse empfehle ich einen Netzbeutel. In größeren Städten bieten Bio- oder Unverpacktläden einen besonderen Service an: Mit nachhaltigen oder von zu Hause mitgebrachten Verpackungen kannst du deine Lebensmittel und Pflegeprodukte eigenhändig abfüllen. Auch beim Thema Kaffee to go kannst du deinen Beitrag leisten: Viele Cafés bieten die Möglichkeit, mitgebrachte Kaffeebecher zu verwenden.

KRITISCHE NÄHRSTOFFE

Wenn du die vegane Ernährungspyramide (siehe Seite 11) als Grundlage nimmst und dich abwechslungsreich ernährst, versorgst du dich mit so gut wie allen Nährstoffen, die der Körper zum Leben braucht. Es gibt jedoch wenige, die du mit einer veganen Ernährung nicht oder nur unzureichend abdecken kannst. Neben Proteinen, Eisen, Kalzium, Selen, Zink, Jod, Vitamin B_2 und Vitamin D sind vor allem auch Vitamin B_{12} und Omega 3 sehr wichtig. Letztere möchte ich dir hier kurz vorstellen. Wenn du auf Nummer sicher gehen willst, solltest du dir über ein Blutbild Klarheit verschaffen, ob ein Nährstoffmangel besteht, und deine Versorgung im Auge behalten.

VITAMIN D

Vitamin-D-Mangel ist nicht nur bei Veganer*innen ein Thema, sondern prinzipiell bei allen Menschen, die nördlich und südlich des Äquators leben. Denn für die Bildung von Vitamin D braucht unser Körper Sonneneinstrahlung – und davon bekommen wir vor allem von Oktober bis März nicht ausreichend viel. Vitamin D ist aber essenziell für die Regulierung unseres Kalziumhaushalts, es fördert die Knochenbildung und ist wichtig für das Immunsystem. Tatsächlich kommt Vitamin D in nur sehr wenigen pflanzlichen Lebensmitteln vor, eine Ausnahme bilden Pilze, z. B. Champignons oder Pfifferlinge. Daher werden mittlerweile viele vegane Alternativen wie pflanzliche Milch oder Margarine mit Vitamin D angereichert. In jedem Fall ist es wichtig, bei einem Verdacht auf einen Mangel mit einem Arzt oder einer Ärztin Rücksprache zu halten und bei Bedarf zu supplementieren.

VITAMIN B_{12}

Der Mikronährstoff Vitamin B_{12} ist zuständig für wichtige Funktionen in unserem Körper, wie die Zellteilung, Blutbildung und die Funktion des Nervensystems. Weder Menschen und Tiere noch Pflanzen sind in der Lage dazu, Vitamin B_{12} herzustellen – nur Mikroorganismen wie Bakterien oder Algen können diesen Nährstoff produzieren. Wir müssen Vitamin B_{12} also über unsere Nahrung, in Form von tierischen oder fermentierten Produkten zu uns nehmen oder mithilfe von Nahrungsergänzungsmittel supplementieren. Empfehlenswert sind Tropfen oder Tabletten mit dem bioaktiven Wirkstoff Methylcobalamin.

OMEGA 3

Omega-3-Fettsäuren spielen in unserem Stoffwechsel eine große Rolle und sind u. a. wichtig für unsere Gehirnfunktion, unser Herz und unseren Hormonhaushalt. An Omega 3 reiche vegane Lebensmittel sind z. B. Chiasamen, Hanfsamen, Walnüsse, Leinsamen oder Leinöl. Um als Veganer*in jedoch ausreichend versorgt zu sein, wird eine Supplementierung empfohlen, da die Omega-3-Fettsäuren aus Pflanzen im Gegensatz zu denen aus Tieren im Körper erst noch in eine bioaktive Form umgewandelt werden müssen und die Umwandlungsrate sehr gering ist. Geeignete Nahrungsergänzungsmittel sind z. B. Tropfen oder Kapseln mit Algenöl.

BASICS: WAS WIR IMMER ZU HAUSE HABEN

GEMÜSE UND OBST

Grundsätzlich gilt: bunt, saisonal und regional

Ingwer

Knoblauch

rote Zwiebeln

GETREIDE UND PSEUDOGETREIDE

Basmatireis

Buchweizen

Couscous

Haferflocken

Hirse

Pasta

Quinoa

HÜLSENFRÜCHTE

Kichererbsen

Kidneybohnen

Linsen

Tellerlinsen

NÜSSE, SAMEN UND KERNE

Allerlei Nusssorten

Chiasamen

Erdnussmus

Hanfsamen

Kürbiskerne

Leinsamen

Sesam

Sesammus (Tahin)

Sonnenblumenkerne

SÜSSUNGSMITTEL

Agavendicksaft

Ahornsirup

Datteln

Dattelsirup

Kokosblütenzucker

ESSIG UND ÖL

Aceto balsamico

Apfelessig

Olivenöl

GEWÜRZE

Chili

Curry

Kräuter der Provence

Kreuzkümmel

Kurkuma

Oregano

Paprikapulver

Pfeffer

Salz

Thymian

Zimt

WÜRZMITTEL

Currypasten

Dijon-Senf

Gemüsebrühe (Pulver)

Hefeflocken

Tamari (glutenfreie Sojasauce)

IM VORRATS-SCHRANK

Kokosmilch

Oliven

Passierte Tomaten

Tomatenmark

IM KÜHLSCHRANK

Haferdrink

Sojadrink

Vegane Joghurt-Alternative aus Kokos

Vegane Joghurt-Alternative aus Soja (Vanillegeschmack)

IM GEFRIERFACH

Gefrorene Bananen

TK-Beeren

TK-Erbsen

TK-Pommes

TK-Spinat

Vegane TK-Pizza

ZUM BACKEN

Backpulver

Buchweizenmehl

Dinkelvollkornmehl

Flohsamenschalen

Kartoffelstärke

Kichererbsenmehl

Natron

Rohkakaopulver

GEGEN LEBENSMITTELVERSCHWENDUNG

Nicht nur gegen Plastik und Verpackungsmüll kannst du etwas tun, sondern auch gegen Lebensmittelverschwendung.

Damit so wenige Lebensmittel wie möglich – oder am besten gar keine – im Müll landen, empfehle ich dir einen Essensplan. Schreibe dir auf, was du an welchem Tag zubereiten und essen möchtest. Daraus kannst du dann einen Einkaufszettel ableiten und so dafür sorgen, dass nichts Überflüssiges im Einkaufswagen landet. Beim Einkaufen selbst solltest du auch zu unperfektem Obst und Gemüse greifen, um so zu vermeiden, dass es vom Lebensmittelgeschäft entsorgt wird. Eine Gurke muss nicht gerade sein, um zu schmecken, und Dellen im Apfel lassen sich einfach mitessen oder herausschneiden! Außerdem kannst du Lebensmittel direkt über Foodsharing, spezielle Apps oder Onlineshops besorgen, die aussortierte oder überschüssige Nahrungsmittel vor dem Wegwerfen retten und (günstiger) verkaufen oder teilweise sogar verschenken.

Wenn es dann an die Zubereitung deiner Einkäufe geht, kannst du darauf achten, nichts unnötig wegzuwerfen. Du wirst überrascht sein, was man aus vermeintlichen »Abfällen« wie dem Brokkolistrunk oder dem Grün von Bio-Möhren noch alles zaubern kann. Mein Möhrengrün-Pesto (siehe Seite 73) beweist es!

Zudem lässt sich Verschwendung vermeiden, wenn du darauf achtest, deine Lebensmittel richtig zu lagern. Verschrumpeltes Obst und Gemüse kannst du z. B. zu einem Curry, Mus oder Smoothie verarbeiten. Mögliche Reste frierst du am besten ein. Beim Thema Mindesthaltbarkeit kannst du auf deine Sinne setzen, denn das Mindesthaltbarkeitsdatum ist kein Wegwerfdatum! Oft sind die Produkte bei richtiger Lagerung noch weit über das angegebene Datum hinaus genießbar – wenn sie gut aussehen, riechen und schmecken.

FÜR EINE GESUNDE ERNÄHRUNG MIT KLEINEM BUDGET

Gesunde Ernährung muss nicht teuer sein! Es gibt einfache Tricks, die sich unkompliziert in deinen Alltag integrieren lassen und dir ermöglichen, trotz eines kleinen Budgets gesund zu essen. Der simpelste Trick liegt auf der Hand: Koche selbst, anstatt mehrmals die Woche auswärts essen zu gehen oder Essen zu bestellen. Das spart nicht nur Geld, sondern du weißt auch genau, was auf den Tisch kommt. Das gilt genauso, wenn du unterwegs oder im Büro bist: Koche vor und nimm dein Essen mit. Das muss nicht immer mit aufwendigen und speziellen »Meal Prep«-Rezepten verbunden sein – du kannst am Abend zuvor auch einfach etwas mehr kochen und den Rest am nächsten Tag einpacken.

Beim Einkaufen achte am besten darauf, wenigstens einen Teil deiner Lebensmittel in Bio-Qualität zu kaufen, auch wenn diese etwas teurer sind. Vor allem bei Lebensmitteln, die sonst stark gespritzt werden – dazu gehören z. B. Paprika und Zitronen –, ist das sinnvoll. Außerdem sind Grundnahrungsmittel wie Kartoffeln, Süßkartoffeln, Vollkornreis, Vollkornnudeln, Hirse, Couscous und Co. in der Bio-Version nicht sehr viel teurer. Dafür sind sie gesund und sättigen lange.

KAPITEL 1

ALL ABOUT HAFERFLOCKEN

Ich liebe frühstücken und könnte jeden Tag groß brunchen und ewig mit Familie und Freund*innen am Tisch sitzen. Ohne Frühstück? Ohne mich! Und mit Haferflocken auf dem Frühstückstisch startet dein Tag bereits mit einer guten Grundlage! Denn Haferflocken sind supergesund, vielseitig einsetzbar und machen lange satt. Aber nicht nur im Müsli, Porridge oder in Pancakes kann man die wertvollen Getreideflocken verwenden – zauber dir doch mal ein Frühstück to go mit meinem Rezept für leckere Haferriegel.

BIRCHERMÜSLI – AUF MEINE ART

80 g zarte Haferflocken

160 ml Haferdrink

2 EL vegane Joghurt-Alternative
  (Geschmack nach Belieben)

1 Handvoll Studentenfutter (oder
  1 Handvoll Cashewnüsse)

1 Handvoll Beeren (z. B. Heidelbeeren)

1 kleine Banane

ZUBEREITUNG: Die Haferflocken mit dem Haferdrink und dem Joghurt verrühren. Du kannst dafür jede beliebige Geschmackssorte wählen. Die Mischung abgedeckt im Kühlschrank über Nacht quellen lassen.

Am nächsten Morgen das Studentenfutter fein hacken und unter das Müsli mischen. Falls dir das Müsli zu fest ist und du es – wie ich – gerne cremiger haben möchtest, kannst du vor dem Servieren noch etwas Haferdrink dazugeben. Die Beeren abbrausen und trocken tupfen. Die Banane in Scheiben schneiden. Das Müsli mit Bananenscheiben und Beeren garniert genießen.

ZUM ERSTEN MAL *durfte ich das Birchermüsli während eines Urlaubs auf Sylt kosten. Die Mutter meiner Freundin hat es jeden Morgen für uns zubereitet und dabei immer verschiedene Geschmacksrichtungen des veganen Joghurts verwendet. Ich war so begeistert, dass ich es seitdem ganz oft mache, vor allem wenn Gäste zu Besuch sind.*

MEIN TIPP: Werde kreativ und toppe dein Porridge nach Lust und Laune! Wie wäre es mit anderen, saisonalen Obstsorten, Schoko-Crunch-Granola, Nussmus oder im Winter mit karamellisierten Birnen und Zimt?

PROTEIN-PORRIDGE

1 Banane

80 g zarte Haferflocken

240 ml Haferdrink

1 EL Proteinpulver

2 EL Agavendicksaft

½ Apfel

4 Erdbeeren

1 TL Hanfsamen

1 TL Leinsamen

1 TL Dattelsirup

ZUBEREITUNG: Die Banane schälen. Die Haferflocken, den Haferdrink und die Hälfte der Banane mit dem Proteinpulver in einem Mixer pürieren. Anschließend die Masse unter Rühren in einem Topf aufkochen und bei mittlerer Hitze 5–10 Minuten köcheln lassen. Zum Schluss mit 1 EL Agavendicksaft süßen und vom Herd nehmen.

Derweil für das Topping die Apfelhälfte entkernen und in mundgerechte Stücke schneiden. Die Erdbeeren abbrausen und – genau wie die übrige Bananenhälfte – in Scheiben schneiden.

Fülle den Porridge in deine Lieblingschüssel und dekoriere ihn mit den Apfelstücken, den Erdbeer- und Bananenscheiben. Das Obst mit 1 EL Agavendicksaft, den Hanf- und Leinsamen und dem Dattelsirup toppen.

MEIN BRUDER UND ICH *sind totale Porridge-Fans – schon seit Kindertagen. Meine Mutter hat uns oft Haferflocken mit Milch, Zimt und Honig am Abend vor dem Schlafengehen gekocht. Danach haben wir uns immer so richtig schön satt und glücklich gefühlt. Zum Glück lässt sich das ganz einfach in einen veganen Porridge verwandeln.*

OVERNIGHT OATS

50 g Haferflocken

150 ml Haferdrink

1 TL Chiasamen

1 Prise gemahlener Zimt

1 Handvoll Obst nach Belieben
   (z. B. Bananenscheiben, getrocknete
   Cranberrys oder Beeren)

1 TL gepuffte Quinoa

ZUBEREITUNG: Die Haferflocken mit Haferdrink, Chiasamen und Zimt vermischen und in ein Glas oder eine Schale füllen. Abgedeckt über Nacht in den Kühlschrank stellen und quellen lassen.

Am nächsten Morgen kannst du die Overnight Oats nach Belieben mit frischem oder getrocknetem Obst belegen und mit gepuffter Quinoa bestreut genießen.

ES GIBT NICHTS BESSERES *auf Reisen als Overnight Oats! Ich bereite mir am Vorabend ein Glas vor und gebe morgens nur noch das frische, klein geschnittene Obst dazu. Schnell gemacht, sättigend und gesund – so viel besser als in Plastik verpackte Müslis oder Joghurts vom Supermarkt to go.*

MEIN TIPP: Probiere dazu unbedingt meine home-made Schokocreme (siehe Rezept Seite 145) oder eine vegane Joghurt-Alternative mit Vanillegeschmack!

FÜR 12 STÜCK

BANANEN-PANCAKES

1 große reife Banane

150 g Kichererbsenmehl

1 Prise gemahlener Zimt

1 Prise gemahlene Vanille

1 Prise Salz

½ TL Weinstein-Backpulver

200 ml Haferdrink

2 EL Mandeln

Obst nach Belieben zum Garnieren
   (z. B. Banane, Erdbeeren …)

Kokosöl zum Braten

ZUBEREITUNG: In einer Schüssel die Banane mit einer Gabel zu Mus zerdrücken, dann das Kichererbsenmehl mit Gewürzen, Backpulver und Haferdrink zugeben. Alles zu einem homogenen Teig verrühren und ca. 10 Minuten ruhen lassen. Derweil die Mandeln grob hacken und das Obst für die Deko waschen oder schälen und klein schneiden. Hier kannst du dich nach Herzenslust austoben, ich empfehle dir aber, Obst der Saison zu wählen, denn das schmeckt einfach am besten und ist nachhaltiger. Du kannst auch auf tiefgekühltes Obst zurückgreifen.

Das Kokosöl in einer Pfanne schmelzen. Die Hitze reduzieren und aus dem Teig portionsweise ca. zwölf kleine Pancakes in der Pfanne von beiden Seiten goldbraun ausbacken. Je drei bis vier Pancakes auf einen Teller geben, mit etwas Obst garnieren und mit gehackten Mandeln bestreuen.

ICH LIEBE *Crêpes und Pancakes! Jedes Mal, wenn meine beste Freundin bei mir ist, backt sie welche für mich. Ihre schmecken einfach immer am besten, deswegen musste das Pancake-Rezept auch unbedingt in mein Kochbuch.*

MEIN TIPP: Du kannst diesen Basis-Mix nach Lust und Laune mit deinen Lieblingszutaten variieren. Statt Rosinen verwende ich manchmal auch getrocknete Datteln, Cranberrys oder Sauerkirschen. Gewürze wie Zimt oder Vanille passen auch sehr gut dazu. Einfach mal im Vorratsschrank stöbern und neue Kreationen ausprobieren!

HAFERRIEGEL

15 g Rosinen

15 g Nusskerne

80 g kernige Haferflocken

130 g Apfelmus

ZUBEREITUNG: Den Backofen auf 160 °C (Ober-/Unterhitze) vorheizen und ein Backblech mit Backpapier auslegen.

Die Rosinen und die Nusskerne hacken, zusammen mit den restlichen Zutaten in eine Schüssel geben und gut vermengen, bis sich alle Zutaten verbunden haben. Den Hafermix 10 Minuten ruhen lassen, dann auf das Backblech geben, ca. 1 cm dünn zu einem Rechteck ausstreichen und gut andrücken. Das Blech in den heißen Ofen (mittlere Schiene) schieben und die Masse 20–25 Minuten backen. Anschließend herausnehmen und etwas abkühlen lassen. Danach kannst du die Masse in kleine Riegel schneiden und komplett auskühlen lassen. Luftdicht verschlossen halten sie mehrere Tage.

ICH BIN EIN *großer Riegel-Fan. Egal, ob auf Reisen oder tagsüber, wenn ich unterwegs bin – ich habe immer einen im Gepäck. Du kannst sie ganz nach deinem Belieben abwandeln: mit Schokolade, Proteinpulver, getrockneten Beeren, Nüssen oder Samen – deiner Kreativität sind keine Grenzen gesetzt!*

OVERNIGHT OATS

1 | **OVERNIGHT OATS SIND UNGLAUBLICH WANDELBAR!** *Peppe mein Grundrezept von Seite 25 ganz einfach auf! Du hast Lust auf Schokolade? Wie wäre es dann mit einer Schoko-Variante, bei der du 1 EL Backkakao in deine Haferflocken rührst und das Ganze mit Agavendicksaft oder Ahornsirup süßt? Dazu passen ganz wunderbar Bananenscheiben als Topping. Apropos Topping: Ob frisches Obst, Beeren, Trockenfrüchte oder Nüsse – du kannst deine Overnight Oats nach Lust und Laune verfeinern. Gleiches gilt für die Milchalternativen. Ersetze einfach den Haferdrink durch Mandel-, Kokos- oder Haselnussdrink.*

2 | **NICHT NUR UNGLAUBLICH LECKER, SONDERN AUCH SUPERGESUND!** *Hafer ist DAS Superfood, denn er ist reich an pflanzlichem Eiweiß und enthält viele Mineralstoffe wie Eisen, Magnesium und Zink. Die enthaltenen Ballaststoffe halten dich außerdem lange satt. Und das Beste: Die Mineralstoffe können im aufgeweichten Zustand besonders gut vom Körper aufgenommen werden – ein Hoch auf Overnight Oats!*

3 | **FÜR JEDEN GELDBEUTEL:** *Die Hauptzutat für Overnight Oats – Haferflocken – gibt es für wenig Geld in jedem Supermarkt – 500 Gramm bekommst du schon für weniger als einen Euro. Und das reicht für etwa zehn Portionen.*

4 | **FÜR DIE GANZE FAMILIE!** *Haferflocken sind leicht verdaulich und damit schon für die Kleinsten ein leckeres und gesundes Frühstück. Optimal dafür eignen sich zarte Haferflocken, die du anfangs auch in Wasser statt einer Milchalternative aufweichen kannst.*

KAPITEL 2

AUS LIEBE ZUR KARTOFFEL

Kartoffeln könnte ich jeden Tag essen! Deswegen habe ich ihnen ein eigenes Kapitel gewidmet. Würziger Kartoffelsalat, Fischstäbchen mit Pellkartoffeln oder Gulasch mit Kartoffelknödeln und Rotkohl – einige Rezepte erinnern euch vielleicht auch an eure Kindheit. Klassiker wie Kartoffelauflauf und Kartoffelgratin dürfen natürlich ebenso wenig fehlen. Genauso wie das Rezept, das wir hier in Barcelona fast jede Woche einmal machen: Kartoffel-Tortilla!

CREMIGER KARTOFFELAUFLAUF MIT BUNTEM GEMÜSE

FÜR 4 PORTIONEN

1 kg vorwiegend festkochende Kartoffeln

Salz

1 Zucchini

2 Frühlingszwiebeln

300–400 g bunte Kirschtomaten

200 g vegane Sahne-Alternative
 (z. B. Cashewcreme-Cuisine)

125 ml Sojadrink

1 EL Aceto balsamico

Kräutersalz

2–3 EL Rosmarin (nach Belieben)

Pfeffer aus der Mühle

1 EL Öl

150 g vegane Reibekäse-Alternative

Basilikumblätter nach Belieben
 zum Garieren

ZUBEREITUNG: Den Backofen auf 180 °C (Umluft) vorheizen. Die Kartoffeln schälen, waschen, in einen großen Topf mit ausreichend Salzwasser geben und bei mittlerer Hitze zugedeckt in 25–30 Minuten gar kochen. Anschließend abgießen, ausdampfen lassen und in Scheiben schneiden.

In der Zwischenzeit kannst du schon das Gemüse vorbereiten. Dafür die Zucchini und Frühlingszwiebeln waschen und putzen. Die Zucchini in kleine Würfel und die Frühlingzwiebeln in feine Ringe schneiden. Die Tomaten waschen und halbieren.

In einer Schüssel die Cashewcreme mit Sojadrink und Aceto balsamico glatt rühren, mit Kräutersalz, Rosmarin und Pfeffer abschmecken. Zucchini, Frühlingszwiebeln, Tomaten und Kartoffelscheiben hinzugeben und vorsichtig vermengen.

Eine Auflaufform (ca. 20 × 30 cm) mit dem Öl einfetten und die Kartoffel-Gemüse-Mischung hineingeben. Den Auflauf mit veganem Käse bestreuen und im heißen Ofen (mittlere Schiene) in 20–25 Minuten goldbraun überbacken. Aus dem Ofen nehmen und, mit den Basilikumblättchen garniert, servieren.

ALS KINDER *hatten mein Bruder und ich zwei Lieblingsessen: Nudelauflauf und Kartoffelauflauf. Früher gab es Kartoffelauflauf noch ganz klassisch mit Sahne, heute verwende ich stattdessen eine Kombination aus Aceto balsamico bianco, Cashewcreme und Sojadrink. Du kannst aber auch ein Dressing aus veganem Frischkäse herstellen.*

WÜRZIGER KARTOFFELSALAT

500 g vorwiegend festkochende
   Kartoffeln
Salz
1 Glas Gewürzgurken
   (360 g Abtropfgewicht)
1 Zwiebel
1 EL Rapsöl
1 EL vegane Mayonnaise
1 TL mittelscharfer Senf
2 EL Weißweinessig
Pfeffer aus der Mühle
1 kleines Bund Dill

ZUBEREITUNG: Die Kartoffeln schälen, waschen, in einen großen Topf mit ausreichend Salzwasser geben und bei mittlerer Hitze zugedeckt in 25–30 Minuten gar kochen. Anschließend abgießen, ausdampfen lassen und in Scheiben schneiden.

In der Zwischenzeit die Gewürzgurken klein schneiden und in eine Schüssel geben. Die Zwiebel schälen und fein würfeln. Das Öl in einer Pfanne erhitzen und die Zwiebelwürfel darin goldgelb andünsten, dann zusammen mit den Kartoffelscheiben zu den Gurken in die Schüssel geben.

Für das Dressing verrührst du die Mayonnaise mit Senf und Weißweinessig, schmeckst mit Salz und Pfeffer ab und gibst es auf die Kartoffeln. Vorsichtig untermengen, bis alle Kartoffeln mit Dressing umhüllt sind. Den Dill waschen, trocken schütteln, fein hacken und über den Kartoffelsalat streuen.

ALS WIR MIT *unserem Camper auf Tour waren, haben wir uns immer eine große Schüssel Kartoffelsalat für den Strand eingepackt. Der lässt sich super vorbereiten, macht lange satt und schmeckt einfach grandios! Am besten bereitest du ihn schon am Vortag zu, dann kann er über Nacht ziehen und sein Aroma noch besser entfalten.*

SEITAN-GULASCH MIT KARTOFFEL-KNÖDEL UND ROTKOHL

Für das Seitan-Gulasch:

400 g Seitanfilets

2 Zwiebeln

1 Knoblauchzehe

½ kleiner Knollensellerie

1 Möhre

2 rote Paprika

2 EL Olivenöl

Salz, Pfeffer aus der Mühle

1 TL edelsüßes Paprikapulver

1 EL Ahornsirup

3 EL Tomatenmark

150 ml trockener Rotwein

350–400 ml Gemüsebrühe

2 Lorbeerblätter

100–150 g vegane Sahne-Alternative
   (z. B. Hafercreme-Cuisine)

Für die Kartoffelknödel:

800 g mehlige Kartoffeln

Salz

50 g vegane Butter-Alternative

50 g Dinkelmehl (Type 630)

50 g Kartoffelstärke

Pfeffer aus der Mühle

frisch geriebene Muskatnuss

▶

ZUBEREITUNG: Für das Seitan-Gulasch den Seitan in mundgerechte Stücke schneiden. Zwiebeln und Knoblauch schälen. Zwiebeln in feine Streifen schneiden, Knoblauch hacken. Sellerie und Möhre schälen, putzen und klein würfeln. Die Paprika halbieren, putzen, waschen und in kleine Würfel schneiden.

Zum Anbraten der Seitanstücke nimmst du am besten eine große und tiefe beschichtete Pfanne. Das Öl in der Pfanne erhitzen. Darin die Seitanstücke rundherum goldbraun anbraten. Zwiebeln und Knoblauch hinzugeben und glasig dünsten. Die Gemüsewürfel zugeben, anbraten und mit Salz, Pfeffer und Paprikapulver würzen. Ahornsirup und Tomatenmark zum Gemüse geben, kurz karamellisieren, dann mit Rotwein ablöschen und leicht einköcheln lassen. Mit Gemüsebrühe aufgießen, die Lorbeerblätter zugeben und zugedeckt 30–40 Minuten bei mittlerer Hitze köcheln lassen. Anschließend nimmst du die Seitanstücke und Lorbeerblätter aus der Sauce und pürierst die Sauce mit dem Gemüse mit einem Stabmixer zu einer cremigen Sauce. Die Sahne zugießen und die Seitanstücke zurück in die Sauce geben. Das Gulasch nochmals erhitzen und mit Salz und Pfeffer abschmecken.

Für die Knödel die Kartoffeln waschen, in einen großen Topf mit ausreichend Salzwasser geben und bei mittlerer Hitze zugedeckt in 20–25 Minuten gar kochen. Anschließend abgießen, ausdampfen lassen, pellen und noch heiß durch eine Kartoffelpresse in eine Schüssel drücken. Butter, Mehl und Stärke zugeben und zu einem homogenen Teig verkneten. Der Teig muss feucht, darf aber nicht klebrig sein. Mit Salz, Pfeffer und frisch geriebener Muskatnuss abschmecken. Aus der Masse mit den Händen tennisballgroße Knödel formen. ▶

Für den Rotkohl:

1 Zwiebel

1 kleiner Rotkohl (ca. 600 g)

1 säuerlicher Apfel (z. B. Boskop)

1 EL vegane Butter-Alternative

Salz, Pfeffer aus der Mühle

150 ml Apfelsaft

1 Bio-Orange

2 EL Preiselbeerkompott (Glas) + etwas
mehr zum Servieren

1 Prise gemahlener Zimt

Für den Rotkohl die Zwiebel schälen und fein würfeln. Den Rotkohl vierteln, von äußeren Blättern und dem Strunk befreien, waschen und in feine Streifen schneiden. Den Apfel schälen, vierteln, vom Kerngehäuse befreien und in Würfel schneiden. Butter in einem Topf zerlassen. Zwiebel, Rotkohl und Apfel darin anbraten, mit Salz und Pfeffer abschmecken. Mit Apfelsaft aufgießen und den Rotkohl bei mittlerer Hitze zugedeckt 30 Minuten köcheln lassen. Währenddessen kannst du schon die Orange waschen, trocken tupfen, die Schale abreiben und den Saft auspressen. Zum Schluss fügst du noch Preiselbeerkompott, Zimt, Orangensaft und etwas Orangenabrieb zum Rotkohl und lässt ihn weitere 10 Minuten köcheln.

In der Zwischenzeit reichlich Wasser mit etwas Salz in einem großen Topf zum Kochen bringen, die Hitze reduzieren und die Knödel bei geringer Hitze 10–15 Minuten garen, bis sie an der Oberfläche schwimmen. Mit einer Schaumkelle herausnehmen und zusammen mit dem Seitan-Gulasch und dem Rotkohl auf vier Tellern anrichten. Etwas Preiselbeerkompott in einer Schale dazu servieren.

MEIN ABSOLUTES *Lieblingsessen an Weihnachten! In Spanien gibt es leider keinen fertigen Kloßteig, deshalb bringt mir meine Familie bei jedem Besuch welchen mit. Aber noch besser schmeckt er natürlich selbst gemacht!*

VEGANE FISCHSTÄBCHEN MIT PELL-KARTOFFELN UND GURKENDIP

Für die Fischstäbchen:

400 g Tofu (Natur)

4 EL Sojasauce

2 EL Zitronensaft

4 EL Dinkelmehl (Type 630)

2 EL Hefeflocken

Salz, Pfeffer aus der Mühle

100–150 ml Haferdrink

6–8 EL Dinkelbrösel zum Panieren

Sonnenblumenöl zum Braten

Für die Pellkartoffeln:

800 g festkochende Kartoffeln

Salz

4 EL Olivenöl

Pfeffer aus der Mühle

1 Kästchen Kresse (alternativ ½ Bund Schnittlauch oder Petersilie)

Für den Gurkendip:

1 Salatgurke

1 Knoblauchzehe

½ Bio-Zitrone

1 TL mittelscharfer Senf

200 g vegane Sauerrahm-Alternative

Salz, Pfeffer aus der Mühle

ZUBEREITUNG: Für die veganen Fischstäbchen den Tofu abtropfen lassen, mit mehreren Blättern Küchenpapier bedecken und mit einem Teller sanft die restliche Flüssigkeit herauspressen. Anschließend in Stäbchen schneiden. 100 ml heißes Wasser mit Sojasauce und Zitronensaft in einer Schale vermengen und die Tofustäbchen 2 Stunden darin einlegen. In der Zwischenzeit die Kartoffeln waschen, in einen großen Topf mit ausreichend Salzwasser geben und bei mittlerer Hitze zugedeckt in 25–30 Minuten gar kochen. Anschließend abgießen, ausdampfen lassen, pellen und halbieren.

Während die Kartoffeln kochen, kannst du schon den Dip zubereiten. Dafür die Gurke waschen und in kleine Würfel schneiden. Die Knoblauchzehe schälen und fein hacken. Die Zitrone heiß abwaschen, trocken tupfen, die Schale abreiben und den Saft auspressen. Gurkenwürfel, Knoblauch, Senf und Sauerrahm verrühren und mit Salz, Pfeffer, Zitronensaft und -abrieb abschmecken.

Jetzt geht's ans Panieren! Dafür brauchst du drei tiefe Teller. Im ersten Teller vermischst du Mehl und Hefeflocken mit etwas Salz und Pfeffer. In den zweiten Teller gibst du den Haferdrink und in den dritten Teller die Dinkelbrösel. Wende nun die Tofustäbchen rundherum in der Mehlmischung, ziehe sie dann durch den Haferdrink und wälze sie zuletzt in den Bröseln. Ausreichend Öl in einer Pfanne erhitzen, die Tofustäbchen darin von beiden Seiten knusprig und goldbraun braten, auf Küchenpapier abtropfen lassen und warm halten.

Kurz vor dem Servieren das Olivenöl in eine Pfanne geben und die Kartoffelhälften im heißen Öl schwenken und erwärmen. Mit Salz und Pfeffer würzen. Die Kresse abbrausen, vom Kästchen schneiden und über die Kartoffeln streuen. Die Tofu-Fischstäbchen mit Kartoffeln und Gurkendip servieren.

GEBACKENE SÜSSKARTOFFELN GEFÜLLT MIT CHILI SIN CARNE

4 mittelgroße Süßkartoffeln

2 EL Olivenöl

Salz, Pfeffer aus der Mühle

300–400 g Chili sin Carne (Rezept siehe Seite 99)

80 g vegane Reibekäse-Alternative

2 EL Mandeln

Basilikumblättchen zum Garnieren

ZUBEREITUNG: Am Vortag das Chili wie auf Seite 99 beschrieben zubereiten. So kann es schön durchziehen und schmeckt am nächsten Tag gleich doppelt so gut.

Für die Süßkartoffeln den Ofen auf 180 °C (Umluft) vorheizen und ein Backblech mit Backpapier auslegen. Die Süßkartoffeln mit Schale waschen, trocken tupfen und mit einer Gabel mehrmals einstechen. Dann auf ein Blech geben und im heißen Ofen (mittlere Schiene) ca. 45 Minuten backen, bis sie weich sind. Anschließend aus dem Ofen nehmen (den Ofen noch anlassen), in der Mitte längs einschneiden, leicht auseinanderklappen, mit Öl beträufeln, salzen und pfeffern. Fülle nun in jede Süßkartoffel 3–4 EL Chili sin Carne und bestreue das Chili mit Reibekäse. Schiebe die gefüllten Süßkartoffeln zurück in den Ofen und überbacke sie ca. 10 Minuten, bis der Käse goldgelb geschmolzen ist.

Die Mandeln hacken und über die gefüllten Süßkartoffeln streuen. Nach Belieben mit Basilikumblättchen garnieren.

DAS ERSTE MAL *habe ich dieses Gericht an Weihnachten zusammen mit Freunden gegessen. Obwohl es so schnell und einfach gekocht ist, sieht es richtig festlich aus. Wenn es mal superfix gehen muss, kannst du das Chili sin Carne auch als Fertigprodukt kaufen, in die Süßkartoffeln füllen und mit Käse überbacken. Aber am besten schmeckt es selbst gekocht!*

VEGANES HÜHNCHENRAGOUT MIT SÜSSKARTOFFELPÜREE

Für das Püree:

2 große Süßkartoffeln

Salz

150–200 ml Kokosmilch (Dose)

1 cm frischer Ingwer

Pfeffer aus der Mühle

Für das Ragout:

2 rote Zwiebeln

1 Knoblauchzehe

2 EL Olivenöl

1 EL Ahornsirup

400 g veganes Geschnetzeltes nach Hähnchen-Art

200 g Kirschtomaten

4 EL Sojasauce

1 EL Aceto balsamico

150–200 g vegane Sahne-Alternative (z. B. Sojacreme-Cuisine)

Salz, Pfeffer aus der Mühle

1 EL Haselnusskerne (nach Belieben)

2 Stängel frisches Basilikum (nach Belieben)

ZUBEREITUNG: Für das Püree die Süßkartoffeln schälen, grob würfeln und in einem Topf mit Salzwasser in 20–25 Minuten weich kochen.

In der Zwischenzeit Zwiebeln und Knoblauch schälen, die Zwiebeln in feine Streifen schneiden, den Knoblauch fein hacken. Das Öl in einer Pfanne erhitzen, Zwiebeln und Knoblauch darin glasig dünsten. Den Ahornsirup zugeben und leicht karamellisieren lassen. Dann das Geschnetzelte in die Pfanne geben und 2–3 Minuten anbraten. Die Tomaten waschen, halbieren und zufügen. Erst mit Sojasauce und Essig ablöschen, dann die Sahne einrühren. Das Ragout mit Salz und Pfeffer abschmecken und 3–4 Minuten köcheln lassen.

Wenn die Süßkartoffeln weich sind, das Kochwasser abgießen und die Kokosmilch zufügen. Den Ingwer schälen, fein reiben und zu den Süßkartoffeln geben. Die Masse mit einem Kartoffelstampfer weich stampfen. Falls du keinen Stampfer hast, kannst du auch die Quirle eines Handrührgeräts oder einen Schneebesen zum Stampfen nehmen. Zum Schluss noch mit Salz und Pfeffer abschmecken.

Das vegane Hühnchenragout mit dem Süßkartoffelpüree servieren. Nach Belieben mit gehackten Haselnüssen und Basilikumblättchen garnieren.

DAS RAGOUT *ist ein Rezept von unserem Freund Baptiste aus Frankreich. Nachdem er und seine Freundin Paulina es für uns gekocht haben, war ich so begeistert, dass es einfach mit in mein Kochbuch musste. Die beiden haben mir übrigens auch bei dem ein oder anderen Rezeptfoto im Kochbuch geholfen.*

MEIN TIPP: Der Auflauf alleine ist schon eine Wucht, noch himmlischer schmeckt er aber mit dem Linsen-Apfel-Salat von Seite 93 als Beilage.

LIEBLINGS-KARTOFFELGRATIN

Öl oder vegane Butter für die Form

800 g vorwiegend festkochende
    Kartoffeln

Salz, Pfeffer aus der Mühle

1 Knoblauchzehe

200 g vegane Frischkäse-Alternative

250 ml Haferdrink

1 Prise frisch geriebene Muskatnuss

½ TL edelsüßes Paprikapulver

2 TL gehackte frische italienische
    Kräuter (z. B. Rosmarin, Thymian
    oder Basilikum)

150 g vegane Reibekäse-Alternative

50 g Mandeln

ZUBEREITUNG: Den Backofen auf 180 °C (Umluft) vorheizen. Eine runde Auflaufform (ca. 28 cm Ø) einfetten. Die Kartoffeln schälen und in feine Scheiben schneiden oder hobeln. Die rohen Kartoffelscheiben in der Form verteilen und mit Salz und Pfeffer würzen.

Den Knoblauch schälen und fein hacken. Den Frischkäse mit Haferdrink, Knoblauch, den Gewürzen und Kräutern gut verrühren. Den Guss über die Kartoffeln gießen und den Auflauf im heißen Ofen (mittlere Schiene) 35 Minuten backen. Dann den Auflauf aus dem Ofen nehmen und mit geriebenem Käse bestreuen. Anschließend zurück in den Ofen schieben und weitere 15 Minuten überbacken. Derweil kannst du schon die Mandeln grob hacken. Wenn der Käse goldbraun gebacken ist, den Auflauf herausnehmen und mit den Mandeln bestreuen.

DEN GEDANKEN *an Kartoffelgratin verbinde ich immer mit einem Büfett auf Hochzeiten. Es ist tatsächlich das Gericht, von dem ich mir immer am meisten nehme. Wir lieben einfach Kartoffelgratin!*

KARTOFFEL-TORTILLA

600 g vorwiegend festkochende
    Kartoffeln

2 rote Zwiebeln

2 Knoblauchzehen

4–5 EL Olivenöl + 1 Schuss zum Servieren

1 kleine Zucchini

Salz, Pfeffer aus der Mühle

100 g Kichererbsenmehl

200 ml Haferdrink

2 EL Mandeln

1 Handvoll frischer Salat zum Garnieren

1 Spritzer Aceto balsamico

ZUBEREITUNG: Die Kartoffeln schälen, waschen und in kleine Würfel schneiden. Zwiebeln und Knoblauch schälen, die Zwiebeln würfeln, den Knoblauch fein hacken. 3 EL Öl in einer tiefen Pfanne erhitzen. Erst Zwiebeln und Knoblauch darin andünsten, dann die Kartoffelwürfel zugeben und 15 Minuten bei mittlerer Hitze unter Rühren braten, bis sie weich sind. Derweil die Zucchini waschen, klein würfeln und 5 Minuten mit den Kartoffeln in der Pfanne braten. Kräftig mit Salz und Pfeffer würzen.

Für den Guss das Kichererbsenmehl mit 100 ml Wasser und Haferdrink in eine Schale geben und gut verrühren, salzen und pfeffern. Restliches Öl in die Pfanne geben und den Guss über die Kartoffeln gießen. Die Masse bei mittlerer Hitze 8–10 Minuten stocken lassen, bis die Ränder leicht braun werden. Zum Wenden legst du einen großen Teller auf die Pfanne und drehst sie samt Teller vorsichtig um. Die Tortilla von der anderen Seite fertig garen und auf einer großen Platte servieren.

Die Mandel hacken. Den Salat waschen, trocken schleudern und auf die Tortilla geben. Mit ein wenig Essig und Öl beträufeln und mit Mandeln bestreut servieren.

***EINE VEGANE TORTILLA** darf in meinem Kochbuch natürlich nicht fehlen. In Spanien gibt es sie überall – allerdings nicht immer vegan. Wir essen Tortilla ziemlich oft, ob zum Salat oder einfach nur pur. Kalt am nächsten Tag schmeckt sie sogar fast noch besser, weil sie dann gut durchgezogen ist.*

ALL ABOUT KARTOFFELN

1 | **DIE GESCHICHTE DER KARTOFFEL:** Heutzutage denken wir bei der Kartoffel häufig an typisch deutsche Gerichte, doch tatsächlich kommt die Kartoffel aus den Anden in Südamerika. Erst im 16. Jahrhundert brachten Seefahrer die Knolle nach Europa, wo sie anfangs allerdings auf Misstrauen stieß: Viel mehr als die nahrhaften Knollen wurden die schönen Blüten bewundert. Friedrich der Große ordnete dann an, die Kartoffel in Deutschland anzubauen – und daraufhin verbreitete sie sich rasant.

2 | **BEI UNS ZU HAUSE:** Da Kartoffeln wunderbar in Deutschland gedeihen, sind sie besonders nachhaltig und benötigen für Anbau sowie Lagerung weniger Energie als beispielsweise Nudeln oder Reis. Auch was die Bewässerung angeht, ist die Kartoffel sehr genügsam. Hinzu kommt, dass die Saison von Juni bis Oktober reicht und du bei richtiger Lagerung sogar noch länger etwas von deiner heimischen Knolle hast. Kartoffeln mögen es am liebsten dunkel, trocken und gut belüftet, damit sie nicht schimmeln.

3 | **KARTOFFELDRESSING:** Du hast noch ein paar gegarte mehligkochende Kartoffeln übrig? Perfekt, denn aus Kartoffeln kann man auch ein Dressing machen, das sich besonders gut für Feldsalat eignet. Dazu einfach 2 gegarte Kartoffeln mit einer Gabel zerdrücken und 3 EL Öl, 2 EL Zitronensaft und etwa 100 ml vegane Brühe unterrühren. Mit Gewürzen und klein gehackter Zwiebel vermengen. Dann über den gewaschenen und geputzten Feldsalat geben und genießen.

KAPITEL 3

PESTO, PASTA, PARADIES

Nudeln kommen bei uns regelmäßig auf den Tisch. Wenn wir einen Nudelauflauf gemacht haben, essen wir den meistens über den ganzen Tag verteilt. Und zu der cremigen Gorgonzola-Pasta mit gerösteten Walnüssen habe ich mich durch die Arbeit am Kochbuch selbst inspiriert und sie seitdem superoft gegessen. Klassiker wie Bolognese und Nudelsalat dürfen natürlich auch nicht fehlen. Mehr Gemüse in deinen Speiseplan bringst du mit der Spargel- und der Pilz-Pasta. Außerdem erwartet dich ein Pesto aus Möhrengrün – das ist nämlich einfach viel zu gut für die Tonne!

NUDELAUFLAUF MIT KÜRBISSAUCE

1 Butternuss-Kürbis

1 Zitrone

100 ml Haferdrink

3–4 EL Olivenöl

1 EL Hefeflocken

Salz, Pfeffer aus der Mühle

300 g Penne

300 g Kirschtomaten

3 Knoblauchzehen

½ Bund frische Kräuter (z. B. Oregano
    oder Petersilie)

150–200 g vegane Reibekäse-Alternative

ZUBEREITUNG: Den Backofen auf 190 °C (Umluft) vorheizen. Den Kürbis schälen, halbieren, entkernen und in Würfeln schneiden. Einen Topf mit ausreichend Wasser aufsetzen und den Kürbis darin in ca. 15 Minuten weich kochen. Derweil den Saft der Zitrone auspressen.

Den gegarten Kürbis abgießen und zurück in den Topf geben. Haferdrink, Zitronensaft, 2 EL Öl und Hefeflocken zugeben und alles mit einem Stabmixer cremig pürieren. Mit Salz und Pfeffer würzen.

Die Pasta in ausreichend Salzwasser nach Packungsanweisung al dente kochen. In der Zwischenzeit kannst du schon die Tomaten waschen und halbieren, den Knoblauch schälen und fein hacken und die Kräuter waschen, trocken schütteln und, bis auf wenige Blättchen für die Deko, ebenfalls fein hacken.

Die gegarten Penne abgießen und in eine Schüssel geben. Tomaten, Knoblauch, gehackte Kräuter und Kürbissauce dazugeben, alles gut vermengen und mit Salz und Pfeffer abschmecken.

Eine Auflaufform (ca. 20 × 30 cm) mit dem restlichen Öl einfetten. Die Kürbis-Pasta hineingeben, mit veganem Reibekäse bestreuen und im heißen Ofen (mittlere Schiene) ca. 20 Minuten überbacken. Wenn der Käse goldbraun ist, kannst du den Auflauf aus dem Ofen nehmen und vor dem Servieren noch mit frischen Kräutern bestreuen.

ICH LIEBE KÜRBIS! *Er ist einfach ein unkompliziertes Gemüse – eigentlich ein Fruchtgemüse, um genau zu sein –, das lange hält, vielseitig einsetzbar und einfach in der Zubereitung ist. Schade, dass es ihn immer nur im Herbst gibt. Dafür freue ich mich umso mehr auf die Kürbiszeit und meinen Nudelauflauf!*

MEIN TIPP: Im Frühling kannst du statt Knoblauch auch frischen Bärlauch hacken und mit in die Sauce geben. Der passt ganz wunderbar zu der Spargel-pasta!

SPARGELPASTA

350–400 g Pasta nach Wahl (z. B. Fusilli)

Salz

500 g weißer Spargel

1 Zucchini

3 Knoblauchzehen

1 Bio-Zitrone

4 EL Olivenöl

Pfeffer aus der Mühle

200 g vegane Sahne-Alternative
(z. B. Mandelcreme-Cuisine)

4 EL Mandeln

2 Stängel frisches Basilikum

ZUBEREITUNG: Die Pasta in ausreichend Salzwasser nach Packungsanweisung al dente kochen. Derweil kannst du schon das Gemüse vorbereiten. Dafür den Spargel schälen, die Enden entfernen und die Stangen in Stücke schneiden. Die Zucchini waschen, putzen und in kleine Würfel schneiden. Den Knoblauch schälen und fein hacken. Die Zitrone waschen, trocken tupfen, die Schale abreiben und den Saft auspressen.

Das Öl in einer Pfanne erhitzen und den Knoblauch darin anbraten. Die Spargelstücke zugeben und 2–3 Minuten mitbraten, leicht salzen und pfeffern. 1 Schöpfkelle Pastawasser in die Pfanne geben und leicht einköcheln lassen. Nun die Sahne zugießen, die Hitze reduzieren und die Sauce weitere 5 Minuten köcheln lassen. Mit Zitronensaft, Zitronenabrieb, Salz und Pfeffer abschmecken.

Während die Sauce köchelt, kannst du bereits die Mandeln hacken und das Basilikum waschen, trocken schütteln und die Blättchen abzupfen. Anschließend die fertig gegarte Pasta abgießen, auf Teller verteilen und mit der Sauce begießen. Die Spargelpasta mit Basilikum und Mandeln garnieren. Wenn du magst, streue für den extra Frischekick noch ein wenig Zitronenabrieb darüber.

IMMER ZUR *Spargelsaison, wenn wir zu Besuch in Deutschland sind, kocht uns mein Bonuspapa Spargelpasta. Er macht sie zwar ohne Basilikum, Zucchini und Mandeln, aber bei ihm schmeckt sie trotzdem immer superlecker und schön schlotzig. Er nimmt stattdessen Sahne, Gemüsebrühe, Weißwein, Zitrone, Salz und Pfeffer.*

CREMIGE GORGONZOLA-PASTA MIT GERÖSTETEN WALNÜSSEN

250 g Spaghetti

Salz

1 Handvoll Walnusskerne

1 Handvoll Kirschtomaten

½ Bund Petersilie

1 Zwiebel

2 Knoblauchzehen

2 reife Birnen

1 EL Rapsöl

40 ml trockener Weißwein

½ Glas Gemüsebrühe

250 g vegane Blauschimmel-
     käse-Alternative

250 ml vegane Sahne-Alternative
     (z. B. Cashewcreme-Cuisine)

Pfeffer aus der Mühle

ZUBEREITUNG: Die Spaghetti in ausreichend Salzwasser nach Packungsanweisung al dente kochen, abgießen und warm halten.

Währenddessen bereitest du die restlichen Zutaten vor. Dafür die Walnüsse in einer Pfanne ohne Fett anrösten, bis sie duften, dann beiseitestellen. Die Kirschtomaten waschen und halbieren. Die Petersilie waschen, trocken schütteln und hacken. Zwiebel und Knoblauch schälen und fein hacken. Die Birnen waschen, halbieren, entkernen und klein würfeln.

Das Öl in einer tiefen Pfanne erhitzen, Zwiebel und Knoblauch darin glasig dünsten. Die Birnenwürfel zugeben und mitbraten, bis sie weich werden. Dann den Weißwein hinzufügen, kurz einköcheln lassen und mit Brühe auffüllen. Rühre nun den Gorgonzola und die Sahne ein, lass die Sauce ca. 10 Minuten sanft köcheln und schmecke dann mit Salz und Pfeffer ab.

Die Spaghetti auf zwei Teller verteilen, die Gorgonzola-Sauce daraufgeben und mit Tomatenhälften, Walnüssen und gehackter Petersilie dekoriert servieren.

DAS IST MEIN *absolutes Lieblingsrezept! Es stammt übrigens von Felix. Als wir uns kennengelernt haben, hat er es ganz oft für mich gekocht. Damals noch mit echtem Gorgonzola. Als wir zunächst noch keine vegane Alternative finden konnten, habe ich es sehr vermisst. Nun haben wir zum Glück einen veganen Gorgonzola gefunden und kochen die Pasta wieder ganz oft.*

PENNE ALLA PUTTANESCA

500 g Penne

Salz

1 Zwiebel

3 Knoblauchzehen

1 Chilischote

1 EL Olivenöl

2 EL Tomatenmark

100 ml trockener Rotwein

10 Kirschtomaten

1 Glas Artischockenherzen in Lake
   (165 g Abtropfgewicht)

100 g grüne Oliven (ohne Stein)

3 EL Kapern + etwas Einlegeflüssigkeit

1 Dose geschälte Tomaten (500 g)

Pfeffer aus der Mühle

4 Stängel frische Petersilie

ZUBEREITUNG: Die Pasta in ausreichend Salzwasser nach Packungsanweisung al dente kochen, abgießen und warm halten. In der Zwischenzeit Zwiebel und Knoblauch schälen und fein würfeln. Die Chili waschen, halbieren, entkernen und in feine Streifen schneiden.

Das Öl in einer tiefen Pfanne erhitzen, Zwiebel, Knoblauch und Chili darin anbraten, dann das Tomatenmark zugeben und kurz mitbraten. Mit Rotwein ablöschen und ca. 3 Minuten einköcheln lassen. Die Kirschtomaten waschen und die Artischocken abgießen. Oliven, Tomaten und Artischocken jeweils halbieren und zusammen mit den Kapern und den geschälten Tomaten in die Pfanne geben. Wenn du Kapern genauso liebst wie ich, kannst du auch gerne mehr verwenden! Alles gut verrühren, mit Pfeffer und etwas Kapernflüssigkeit abschmecken und ca. 10 Minuten köcheln lassen.

Die Petersilie waschen, trocken schütteln, die Blättchen abzupfen und hacken. Die Pasta unter die Sauce mischen, auf Teller verteilen und mit Petersilie bestreut servieren.

DIESES GERICHT *kocht Felix tatsächlich am häufigsten. Es ist ratz-fatz zubereitet und unglaublich aromatisch. Immer wenn wir Besuch bekommen, zaubert Felix uns Pasta Puttanesca, und alle lieben es. Wir mussten schon ganz oft das Rezept rausgeben. Daher kommt es jetzt auch mit ins Kochbuch!*

WÜRZIGE TOFU-BOLOGNESE

500 g Penne

Salz

2 Zwiebeln

4 Knoblauchzehen

500 g Tofu (Natur)

4–5 EL Olivenöl

4 EL Tomatenmark

300 ml trockener Rotwein

2 Zucchini

8 Kirschtomaten

3 Möhren

300 g passierte Tomaten

4 TL Agavendicksaft

2 TL getrockneter Oregano

Pfeffer aus der Mühle

50 g Pinienkerne

1 kleines Bund Rucola

ZUBEREITUNG: Die Pasta in ausreichend Salzwasser nach Packungsanweisung al dente kochen, abgießen und warm halten.

In der Zwischenzeit Zwiebeln und Knoblauch schälen und fein würfeln. Den Tofu mit einer Gabel zerdrücken. Das Öl in einer tiefen beschichteten Pfanne erhitzen. Zwiebeln, Knoblauch und Tofu in die Pfanne geben und unter Rühren goldgelb anbraten. Dann das Tomatenmark einrühren, kurz anrösten und mit Rotwein ablöschen.

Während die Sauce köchelt, kannst du schon die Zucchini und die Kirschtomaten waschen und die Möhren schälen. Zucchini und Möhren klein würfeln und zusammen mit den Kirschtomaten in die Pfanne geben. Das Gemüse ca. 5 Minuten dünsten, dann die passierten Tomaten, Agavendicksaft und Oregano hinzugeben. Alles mit Salz und Pfeffer abschmecken und die Sauce weitere 4 Minuten köcheln lassen. Wenn das Gemüse weich ist, den Herd ausschalten und die Bolognese noch wenige Minuten ziehen lassen.

Derweil die Pinienkerne in einer Pfanne ohne Fett rösten, bis sie duften, dann beiseitestellen. Den Rucola waschen und trocken schütteln. Die Penne auf Teller verteilen, die Tofu-Bolognese daraufgeben und alles mit Pinienkernen und Rucola garnieren.

OB DU ES *glaubst oder nicht, aber das ist eins der ersten veganen Gerichte, die ich damals gekocht habe. Die Kombination aus Rotwein, Oregano und Pinienkernen gibt diesem Gericht einen unvergleichlichen, einzigartigen Geschmack. Eigentlich gehört doch in jedes Kochbuch ein gutes Bolognese-Rezept, findest du nicht auch?*

BUNTER NUDELSALAT

300 g Dinkelnudeln nach Wahl (z. B. Fusilli)

Salz

200 g Tofu (Tomate)

1 Glas Maiskörner (285 g Abtropfgewicht)

2 Handvoll Baby-Spinat

2 Möhren

300 g Kirschtomaten

2 Scheiben Brot vom Vortag

etwas Olivenöl zum Braten + 2 EL für den Salat

4 EL Sonnenblumenkerne

2–3 EL Tomatenpesto

Pfeffer aus der Mühle

ZUBEREITUNG: Die Dinkelnudeln in ausreichend Salzwasser nach Packungsanweisung al dente kochen, abgießen und lauwarm abkühlen lassen.

In der Zwischenzeit den Tofu würfeln und den Mais abgießen. Den Spinat waschen und trocken schleudern, die Möhren schälen und in kleine Würfel schneiden. Die Tomaten waschen und halbieren. Das Brot klein würfeln. Etwas Öl in einer Pfanne erhitzen und das Brot darin unter Rühren goldbraun anrösten. Die Sonnenblumenkerne hinzugeben und kurz mitrösten, dann aus der Pfanne nehmen und beiseitestellen.

Dinkelnudeln mit Tofu, Mais, Möhren und Tomaten in eine große Schüssel geben, Tomatenpesto und Öl dazugeben und gleichmäßig unter den Salat mengen. Mit Salz und Pfeffer abschmecken und kurz ziehen lassen.

Erst kurz bevor du den Salat servierst, die Sonnenblumenkerne mit den Croûtons und dem Spinat über den Nudelsalat streuen, locker unterheben und servieren.

ICH GLAUBE, *es gibt kein besseres Gericht für den Strand als Nudelsalat – außer vielleicht noch mein Kartoffelsalat von Seite 37. Auch auf langen Autofahrten ist der Nudelsalat immer im Gepäck. An vollen Tagen, wenn es mal schneller gehen muss, empfehle ich dir dieses Rezept in der Blitzvariante: Nudeln, Tomatenpesto, Tomaten und Sonnenblumenkernen – kurz vermengen und genießen.*

BUNTER NUDELAUFLAUF MIT SEITAN

500 g Rigatoni

Salz

3 Knoblauchzehen

1 kleine Chilischote

200 g vegane Sahne-Alternative
(z. B. Cashewcreme-Cuisine)

1 EL getrockneter Oregano

frisch geriebene Muskatnuss

3 Möhren

1 Zucchini

ca. 20 Kirschtomaten

1 Zwiebel

2 EL Olivenöl

250 g Seitan

½ Tube Tomatenmark (ca. 100 g)

200 g TK-Erbsen

1 TL Gemüsebrühe (Pulver)

Pfeffer aus der Mühle

150 ml Pflanzendrink (z. B. Haferdrink)

200 g vegane Reibekäse-Alternative

ZUBEREITUNG: Den Backofen auf 180 °C (Umluft) vorheizen. Die Pasta in ausreichend Salzwasser nach Packungsanweisung al dente kochen, anschließend abgießen und beiseitestellen.

In der Zwischenzeit kannst du schon die Sauce zubereiten. Dafür den Knoblauch schälen und fein hacken. Die Chilischote waschen, halbieren, entkernen und ebenfalls fein hacken. Knoblauch und Chili mit veganer Sahne, Oregano und 1 Prise Muskatnuss verrühren und ziehen lassen.

Für das Gemüse die Möhren und Zucchini waschen, putzen und klein würfeln. Die Kirschtomaten waschen und halbieren oder vierteln. Die Zwiebel schälen und fein würfeln. Das Öl in einer großen Pfanne erhitzen und die Zwiebel darin glasig dünsten. Den Seitan in Würfel schneiden, in die Pfanne geben und kräftig anbraten, bis er leicht bräunt. Tomatenmark einrühren und kurz mitrösten, dann Möhren und Zucchini mit in die Pfanne geben und 3–4 Minuten braten. Zum Schluss die Tomaten und Erbsen hinzugeben, mit der gewürzten Sahnesauce aufgießen und mit Gemüsebrühe und Pfeffer abschmecken.

Die Nudeln in eine Auflaufform (ca. 20 × 30 cm) geben, die Gemüse-Sahne-Mischung darübergießen und alles gut miteinander vermengen. Dann den Pflanzendrink gleichmäßig über dem Auflauf verteilen, die Form in den heißen Ofen (mittlere Schiene) schieben und die Nudeln ca. 15 Minuten backen. Anschließend den Auflauf aus dem Ofen nehmen, mit Reibekäse bestreuen und weitere 5 Minuten überbacken, bis der Käse zerlaufen ist.

MEIN TIPP: Probiere das Rezept auch mal mit Gnocchi aus der Pfanne – die kleinen Kartoffelnocken passen perfekt zu der cremigen Sauce.

PILZ-PASTA

400 g Nudeln

Salz

2 kleine Frühlingszwiebeln

2 Knoblauchzehen

400 g Pilze

1 EL Olivenöl

100 ml trockener Weißwein

200 g vegane Sahne-Alternative
   (z. B. Cashewcreme-Cuisine)

150 ml Gemüsebrühe

1 EL Sojasauce

1 EL italienische Gewürzmischung

Pfeffer aus der Mühle

frisch geriebene Muskatnuss

3 Stängel frische Petersilie

150 g Kirschtomaten

4 EL Pinienkerne

ZUBEREITUNG: Die Pasta in ausreichend Salzwasser nach Packungsanweisung al dente kochen, abgießen und warm halten. In der Zwischenzeit kannst du schon die Frühlingszwiebeln waschen und putzen und den Knoblauch schälen. Die Frühlingszwiebeln in feine Ringe schneiden und den Knoblauch fein hacken. Die Pilze gründlich putzen und klein schneiden.

Das Öl in einer Pfanne erhitzen. Frühlingszwiebeln und Knoblauch darin glasig andünsten, dann die Pilze zugeben und kräftig anbraten. Mit Weißwein ablöschen und 3 Minuten köcheln lassen, dann die Hitze reduzieren und die Cashewsahne einrühren. Die Gemüsebrühe zugeben und die Sauce mit Sojasauce, italienischen Gewürzen, Pfeffer und etwas Muskatnuss abschmecken.

Die Petersilie waschen, trocken schütteln, die Blättchen abzupfen und grob hacken. Die Kirschtomaten waschen und halbieren. Die Pinienkerne nach Belieben in einer Pfanne ohne Fett rösten, bis sie duften. Die Pasta in tiefe Teller geben, mit Pilzsauce übergießen, mit Tomaten garnieren und mit Petersilie und Pinienkernen bestreut servieren.

PILZE, SAHNE *und Weißwein – ein unschlagbares Dreamteam! Zugegeben, das könnte ich jeden Tag essen. Zum Glück geht dieses Gericht auch superschnell, daher kocht es Felix ganz oft für mich, wenn ich Heißhunger darauf habe. Danke Felix!*

MEIN TIPP: Wenn du das restliche Pesto in ein steriles Einmachglas füllst und die Oberfläche gleichmäßig mit Olivenöl bedeckst, hält es sich gekühlt bis zu 4 Wochen.

MÖHRENGRÜN-PESTO

1 Bund Möhrengrün (ca. 400 g)

2 Knoblauchzehen

100 ml Olivenöl

**200 g Cashewkerne (alternativ
  Sonnenblumenkerne)**

Salz, Pfeffer aus der Mühle

1 Bio-Zitrone (nach Belieben)

ZUBEREITUNG: Das Möhrengrün gründlich waschen, trocken schütteln und grob hacken. Den Knoblauch schälen und halbieren. Möhrengrün, Knoblauch, Öl und Cashewkerne in einen Standmixer geben oder alternativ mit einem Stabmixer pürieren. Nach Bedarf etwas Wasser hinzufügen, bis das Pesto schön cremig ist. Die Bio-Zitrone heiß abwaschen, trocken tupfen und 1 TL Schale abreiben. Das Pesto mit Salz, Pfeffer und Zitronenschale abschmecken.

WIR KAUFEN *unser Gemüse hier in Spanien immer bei einer Bio-farm um die Ecke ein. Dort bekommen wir die Möhren noch mit frischem, nährstoffreichem Möhrengrün. Daraus bereite ich dann immer direkt ein ganzes Glas Pesto zu. Das hält sich lange und kann vielfältig verwendet werden – aufs Brot, zu Pasta, im Dressing. Das aromatische Grün ist einfach zu gut für die Tonne!*

SAUCEN & PESTOS

1 | **TAUSCHPARTY!** *Bei der Kombination von Pesto-Zutaten sind dir kaum Grenzen gesetzt. Das Originalrezept mit Basilikum, Pinienkernen und Parmesan ist zwar der Klassiker, aber lass dich davon nicht in deiner Kreativität bremsen. Du magst kein Basilikum? Verwende stattdessen doch mal Spinat, Petersilie, Bärlauch oder Rucola. Oder lass dich von meinem Möhrengrün-Pesto (siehe Seite 73) überzeugen. Du hast keine Pinienkerne im Vorrat? Dann nimm doch einfach Cashews, Walnüsse, Mandeln oder Pistazien. Und Parmesan ersetzt du entweder durch Hefeflocken, veganen Parmesan oder anderen Hartkäse.*

2 | **DU MÖCHTEST ES CREMIG?** *Manchmal muss es einfach eine cremige Sauce sein, zum Beispiel zu Nudeln. Dafür eignet sich zum Beispiel Sojasahne sehr gut. Du kannst deine Sauce aber auch mit etwas Nussmus noch cremiger und gehaltvoller machen. Mandelmus oder Cashewmus eignen sich sehr gut dafür. Aber taste dich langsam heran – manche Mandelmuse haben eine eher süße Note und du möchtest bestimmt nicht, dass deine Sauce am Ende nach Marzipan schmeckt ...*

3 | **MINDESTENS HALTBAR BIS ...** *Einen Blick drauf werfen und einmal schnuppern reicht häufig schon, um herauszufinden, ob etwas auch jenseits des auf der Verpackung angegebenen Datums noch haltbar ist oder nicht. Bei selbst gemachtem Pesto gibt es kein Datum auf einer Verpackung, daher hier ein paar grobe Richtlinien: Fülle das Pesto in ein sauberes Glas und bedecke es gut mit Öl. So hält es sich im Kühlschrank etwa 4 Wochen. Es verliert zwar ein wenig an Aroma, dafür hast du aber immer einen kleinen Notfallvorrat.*

KAPITEL 4

VOM FELD AUF DEN TELLER: GETREIDE & PSEUDOGETREIDE

Getreide steht auf unserem Speiseplan ganz weit oben. Wir lieben vor allen Dingen Reis, und so möchte ich dich mit Rezepten für Sommerrollen, süßsaures Gemüse und Gemüsecurry – ein Klassiker der veganen Küche – inspirieren.

Falls du noch nie etwas von Pseudogetreide gehört hast: Das sind Körnerfrüchte von Pflanzenarten, die ähnlich wie Getreide verwendet werden, aber nicht zur Familie der Süßgräser gehören. Quinoa zum Beispiel – die kennen viele Leute nicht, obwohl sie schnell zubereitet, lecker und sehr gesund ist. Überzeuge dich selbst und probiere meinen Quinoasalat!

Übrigens: Wenn du gerne mehr und unterschiedliche Getreidesorten in deinen Speiseplan aufnehmen möchtest, kannst du bei vielen Pasta-Gerichten einfach die Nudeln gegen Quinoa, Hirse und Co. austauschen.

BUNTER HIRSESALAT MIT AVOCADO, TOMATEN UND MANGO

200 g Hirse

½ Salatgurke

1 Frühlingszwiebel

150 g Kirschtomaten

1 Mango

1 Avocado

1 Glas Kichererbsen (250 g Abtropfgewicht)

1 Bio-Zitrone

ca. 2 cm frischer Ingwer

100 g frische Kräuter (z. B. Baby-Mangold, Basilikum oder Petersilie)

6 EL Olivenöl

Salz, Pfeffer aus der Mühle

ZUBEREITUNG: Die Hirse nach Packungsanweisung kochen, abgießen und in eine große Schüssel geben.

In der Zwischenzeit kannst du schon das Gemüse vorbereiten. Dafür die Gurke und Frühlingszwiebel waschen und putzen. Die Gurke klein würfeln und die Frühlingszwiebel in feine Ringe schneiden. Die Tomaten waschen und halbieren. Die Mango schälen und das Fruchtfleisch vom Stein schneiden. Die Avocado halbieren, entkernen und das Fruchtfleisch mit einem Löffel aus der Schale lösen. Mango und Avocado ebenfalls in Würfel schneiden. Die Kichererbsen abgießen und zusammen mit den vorbereiteten Zutaten zur Hirse in die Schüssel geben und sorgfältig unterheben.

Für das Dressing die Zitrone heiß waschen, trocken tupfen, die Schale abreiben und den Saft auspressen. Den Ingwer schälen und 1 TL fein abreiben. Die Kräuter waschen, trocken schütteln und hacken. Den Zitronensaft mit etwas Zitronen- und Ingwerabrieb, Öl und gehackten Kräutern verrühren, mit Salz und Pfeffer würzen. Das Dressing über den Hirsesalat geben, alles gut vermengen und noch mal abschmecken.

HIRSE IST *supergesund! Vegetarier schwören auf das Getreide als besonders gute pflanzliche Eiweiß- und Eisenquelle. Leider wird es viel zu selten eingesetzt. Daher möchte ich dir dieses Rezept ans Herz legen. Die Kombination aus Mango, Gurke und Avocado ist erfrischend und cremig zugleich. Sie passt nicht nur wunderbar in den Salat, sondern auch in meine Sommerrollen von Seite 81.*

SOMMERROLLEN MIT ERDNUSSDIP

Für die Sommerrollen:

2 Avocados

1 kleine Zitrone

2 Möhren

½ Salatgurke

1 Frühlingszwiebel

je 1 gelbe und rote Paprika

1 Mango

2 Orangen

12 knackige Salatblätter (alternativ
2 Handvoll Baby-Mangold)

3–4 Stängel frisches Basilikum

12 Blätter Reispapier

Für den Erdnussdip:

2 EL Erdnussmus

2 EL Sojasauce

1 EL Ahornsirup

ca. 1 cm frischer Ingwer (nach Belieben)

1 EL Erdnusskerne

ZUBEREITUNG: Zuerst bereitest du alle Zutaten für die Sommerrollen vor. Dafür die Avocado halbieren, entkernen, das Fruchtfleisch mit einem Löffel aus der Schale lösen und in Streifen schneiden. Die Zitrone halbieren und den Saft auspressen. Die Avocadostreifen mit etwas Zitronensaft beträufeln, den Rest für die Erdnusssauce aufbewahren. Möhren schälen, Gurke und Frühlingszwiebel waschen und putzen. Die Paprika vierteln, von den Samen und Trennwänden befreien und waschen. Das Gemüse in feine Streifen schneiden. Die Mango schälen, das Fruchtfleisch vom Kern und dann in dünne Streifen schneiden. Die Orangen mit einem scharfen Messer schälen und filetieren, sodass keine weiße Haut mehr am Fruchtfleisch zu sehen ist. Die Salatblätter und das Basilikum waschen und gut trocken schleudern. Die Basilikumblättchen abzupfen. Alle Zutaten bereitstellen.

Für die Sauce rührst du das Erdnussmus mit der Sojasauce, dem Ahornsirup und etwas Zitronensaft glatt. Wenn du es gern scharf magst, kannst du noch den Ingwer schälen, fein hacken und unter die Sauce rühren. Zum Schluss die Erdnusskerne hacken, in einer Pfanne ohne Fett rösten, bis sie duften, und anschließend über die Sauce streuen.

Jetzt geht's ans Rollen! Fülle dafür eine breite Pfanne mit ca. 500 ml kaltem Wasser. Nimm nun immer ein Reispapier, lege es für ein paar Sekunden ins Wasser und danach auf ein feuchtes Küchentuch. Es sollte nicht zu weich, aber gut formbar sein. Belege das Reispapier im unteren Drittel mit den vorbereiteten Zutaten und schlage dann das untere Ende von dem Reispapier fest über das Gemüse. Nun klappe die äußeren Seiten nach innen ein und rolle alles von unten nach oben zu einem Wrap auf. Die fertigen Sommerrollen mit der Erdnusssauce servieren und losdippen!

SÜSSSAURES GEMÜSE MIT BASMATIREIS

1 Zwiebel

2 Knoblauchzehen

2 cm frischer Ingwer

1 Zucchini

1 Blumenkohl (alternativ Romanesco)

je 1 rote und gelbe Paprika

1 Glas Ananas (ungesüßt; 200 g
    Abtropfgewicht) + etwas Ananassaft

1 Zitrone

250–300 g Basmatireis

Salz

Erdnusskerne zum Bestreuen

1 EL Kokosöl + 1 TL für den Reis (nach
    Belieben)

2 EL Tomatenmark

3 EL Sojasauce

2 EL Aceto balsamico bianco

2–3 EL Ahornsirup (alternativ Dattelsirup)

ZUBEREITUNG: Für das Gemüse Zwiebel, Knoblauch und Ingwer schälen. Die Zwiebel in feine Streifen schneiden, Knoblauch und Ingwer fein hacken. Zucchini und Blumenkohl waschen und putzen. Die Zucchini in Scheiben schneiden, den Blumenkohl in kleine Röschen teilen. Die Paprika vierteln, putzen, waschen und in Würfel schneiden. Die Ananas abgießen und den Saft dabei auffangen. Die Zitrone halbieren, eine Hälfte in kleine Viertel schneiden, die andere Hälfte auspressen.

Den Reis in Salzwasser nach Packungsanweisung garen. Derweil die Erdnüsse in einer Pfanne ohne Fett rösten, bis sie duften, dann beiseitestellen. Das Kokosöl in der Pfanne erhitzen. Darin erst Zwiebel, Knoblauch und Ingwer anbraten, dann Zucchini, Blumenkohl und Paprika zugeben und mitbraten. Tomatenmark, Sojasauce, Essig, Ahornsirup, die Ananasstücke und 1 Schuss Ananassaft zugeben und alles 10 Minuten köcheln lassen. Anschließend mit Zitronensaft und Salz abschmecken.

Den fertig gegarten Reis kannst du nach Belieben noch mit 1 TL Kokosöl verfeinern, bevor du ihn mit dem süßsauren Gemüse in tiefen Tellern servierst. Zum Schluss noch mit den gerösteten Erdnüssen bestreuen und die Zitronenviertel dazu reichen.

MEINE MUTTER *hat dieses Gericht oft gekocht, als wir noch Kinder waren. Letztes Jahr habe ich sie endlich nach dem Rezept gefragt, weil ich es immer so gerne gegessen habe und weil es natürlich in diesem Buch nicht fehlen darf. Jetzt gibt es süßsaures Gemüse wieder öfter bei uns und es erinnert mich jedes Mal an meine Mama.*

MEIN TIPP: Dazu kannst
du Jasmin- oder Basmatireis
servieren. Frische Sprossen
oder Keimlinge bringen zu-
sätzlich Schärfe und peppen
dein Curry mit Vitaminen
und Mineralstoffen auf!

GEMÜSECURRY

1 kg buntes Gemüse nach Wahl
   (z. B. Möhren, Zucchini, Paprika,
   Zuckerschoten, Brokkoli, TK-Erbsen,
   Tomaten)

2 Knoblauchzehen

2 cm frischer Ingwer

2 Frühlingszwiebeln

4 EL Cashewkerne

1 EL Kokosöl

1 EL Currypaste

2 EL Tomatenmark

½ TL gemahlene Kurkuma

1 EL Kokosblütenzucker

1 Dose Kokosmilch (400 ml)

½ Zitrone

2 EL Sojasauce

Salz, Pfeffer aus der Mühle

1–2 Stängel frisches Basilikum

ZUBEREITUNG: Das Gemüse waschen, ggf. schälen, putzen und in mundgerechte Stücke schneiden. Knoblauch und Ingwer schälen und fein hacken. Die Frühlingszwiebeln waschen, putzen und in grobe Ringe schneiden.

Die Cashewkerne in einer tiefen Pfanne oder einem Wok ohne Fett rösten, bis sie duften, dann beiseitestellen. Dann das Kokosöl in die Pfanne geben und erhitzen. Knoblauch und Ingwer darin anbraten. Currypaste und Tomatenmark einrühren und kurz rösten, anschließend Kurkuma und Kokosblütenzucker zugeben und karamellisieren lassen. Füge nun das Gemüse und die Frühlingszwiebeln portionsweise hinzu. Dabei das Gemüse, das länger gart, zuerst hineingeben und anbraten, dann das restliche Gemüse zugeben. Alles mit Kokosmilch aufgießen und bei mittlerer Hitze in wenigen Minuten bissfest garen.

Den Saft der Zitrone auspressen. Das Curry mit Zitronensaft, Sojasauce, wenig Salz und Pfeffer abschmecken. Das Basilikum waschen, trocken schütteln und die Blättchen abzupfen. Das Gemüsecurry mit gerösteten Cashewkernen und Basilikumblättchen bestreuen.

GEFÜHLT IST *Gemüsecurry das Gericht, das bei allen, die sich vegan ernähren, am häufigsten auf den Tisch kommt. Das liegt vermutlich daran, dass es mit jedem Gemüse schmeckt und sich alles darin verarbeiten lässt, was der Kühlschrank gerade hergibt. Ein richtig gutes und gesundes Resteküche-Rezept!*

GRÜNER QUINOASALAT

600 g Quinoa

1 Brokkoli

2 Packungen vegane Feta-Alternative

    (à 150 g)

2 Avocados

Salz

600 g TK-Erbsen

1 Knoblauchzehe

1 Zitrone

5 EL Olivenöl

Pfeffer aus der Mühle

frisch geriebene Muskatnuss

ZUBEREITUNG: Die Quinoa nach Packungsanweisung zubereiten. In der Zwischenzeit kannst du schon den Brokkoli putzen, waschen und in kleine Röschen teilen. Den Strunk schälen und klein schneiden. Den Feta klein würfeln. Die Avocados halbieren, den Kern entfernen, das Fruchtfleisch mit dem Löffel aus der Schale lösen und ebenfalls würfeln.

In einem breiten Topf reichlich Wasser mit etwas Salz zum Kochen bringen. Die Brokkoliröschen und Strunkstücke in den Topf geben und in ca. 5 Minuten bissfest garen. Nach 3 Minuten die TK-Erbsen hinzugeben und mitgaren. Anschließend abgießen und mit eiskaltem Wasser abschrecken – so gart das Gemüse nicht länger nach und bleibt schön knackig und grün. Alle Zutaten in eine große Schüssel geben und vermengen.

Für das Dressing den Knoblauch schälen und durch eine Knoblauchpresse drücken. Die Zitrone auspressen und den Saft in eine Schale geben. Das Öl und den Knoblauch zufügen, mit Pfeffer und 1 Prise Muskatnuss würzen und alles gut verquirlen. Das Dressing unter den Salat geben und alles gut vermischen.

ICH HABE *während meines Studiums viel babygesittet und Nachhilfe in Deutsch gegeben. Bei einer Familie gab es häufig Quinoasalat. Das Rezept habe ich mir gemerkt und seitdem oft selber gemacht. Am liebsten in einer Bowl und immer mit verschiedenen Gemüsesorten, je nachdem, was wir gerade vorrätig haben.*

HERZHAFTE BOWLS

1 | **DIE POWER VON GETREIDE:** *Getreide enthält Ballaststoffe, Kohlenhydrate, Kalzium und Vitamine. Um die wertvollen Vitamine und Nährstoffe voll auszuschöpfen, nutze am besten Vollkornprodukte. Zusätzlich gibt es glutenfreie Varianten wie Hirse, Buchweizen und Quinoa. Diese sind auch bei Unverträglichkeiten leicht bekömmlich und du kannst sie gut in deine Kochroutinen einbauen.*

2 | **BAU DIR DEINE BOWL:** *Mit diesem Baukastensystem kannst du dir deine leckere Lieblingsbowl selbst zusammenstellen.*
Die Basis bildet **Gemüse** *(ca. 30 %) wie Zucchini, Möhren, Paprika, Tomaten, Brokkoli, Rote Bete, Zuckerschoten, Blattspinat, Rotkohl, Radieschen, Kohl, Frühlingszwiebeln usw. Damit deine Bowl lange sättigt, integriere außerdem* **Kohlenhydrate** *(ca. 20 %) wie Reis, Couscous, Bulgur, Hirse, Quinoa, Buchweizen, Dinkel, Glasnudeln, Kartoffeln oder Amarant. Nicht zu vergessen sind* **Proteine** *(ca. 20 %) wie Bohnen, Linsen, Erbsen Tofu usw.* **Salat und/oder Obst** *(ca. 20 %) wie Kopfsalat, Rucola, Mangold, Apfel, Mango, Orange, Weintrauben, Granatapfel usw. machen sich ebenfalls gut in einer Bowl. Zum Schluss noch* **gesunde Fette** *(ca. 10 %) in Form von Nüssen, Avocado oder Chiasamen dazugeben.*

3 | **DAS HIGHLIGHT – DEINE TOPPINGS:** *Deine Bowl rundest du perfekt mit einfalls-reichen Toppings ab. Hier bieten sich Körnermischungen, frische Kräuter wie Schnittlauch oder Petersilie, Sprossen und vieles mehr an. Vor allem die Textur von crunchigen Extras – wie z. B. meinen gerösteten Chana-Masala-Kichererbsen (siehe Seite 101) – wertet deine Bowl perfekt auf.*

KAPITEL 5

MULTITALENTE HÜLSENFRÜCHTE

Gerade bei einer veganen Ernährung solltest du unbedingt regelmäßig Hülsenfrüchte auf deinen Speiseplan setzen. Denn sie sind vollgepackt mit wertvollen Proteinen und ein wichtiger Eiweißlieferant. Zudem enthalten sie viele Ballaststoffe und machen dadurch lange satt. Wenn du getrocknete Hülsenfrüchte für die Rezepte verwendest, solltest du sie vor der Zubereitung einige Stunden oder über Nacht in Wasser einweichen – das verkürzt die Kochzeit, macht sie besser verdaulich und sorgt dafür, dass die enthaltenen Mineralstoffe besser aufgenommen werden können.

Meine Favoriten sind eindeutig Linsen und Kichererbsen. Probiere sie in Form von Salat, Eintopf, Laibchen, Burgerpattys, als Chili sin Carne oder als gerösteten Snack!

LINSEN-APFEL-SALAT MIT SENF-DRESSING

200 g Berglinsen

2–3 Äpfel

1 Frühlingszwiebel

150 g Kirschtomaten

50 g zarte Salatblätter (z. B. Baby-Spinat,
    Baby-Mangold oder Rucola)

1 TL mittelscharfer Senf

1 EL Ahornsirup

2 EL Apfelsaft

4 EL Apfelessig

6 EL Olivenöl

Salz, Pfeffer aus der Mühle

ZUBEREITUNG: Die Linsen in einem Sieb mit kaltem Wasser abspülen. Reichlich Wasser in einem Topf zum Kochen bringen und die Linsen darin bei mittlerer Hitze in 20–25 Minuten weich garen. Anschließend abgießen, in eine große Schüssel geben und abkühlen lassen.

In der Zwischenzeiten die Äpfel waschen, vierteln, entkernen und in kleine Würfel schneiden. Die Frühlingszwiebel waschen, putzen und in feine Ringe schneiden. Die Kirschtomaten waschen und halbieren. Die Salatblätter waschen und trocken schleudern. Gib alle Zutaten bis auf den Salat zu den Linsen in die Schüssel und vermenge alles gleichmäßig.

Für das Dressing den Senf mit Ahornsirup, Apfelsaft, Essig und Öl verrühren, salzen und pfeffern. Das Dressing unter den Linsensalat mischen, kurz ziehen lassen und nochmals gut abschmecken. Erst kurz vor dem Servieren hebst du die Salatblätter unter den Linsensalat, so bleiben sie schön frisch und werden nicht matschig.

ICH BIN EIN *absoluter Fan dieser Kombination von süß und würzig. Berglinsen sind zudem eine wertvolle Proteinquelle – Hülsenfrüchte generell sind wichtige Eiweißlieferanten für Menschen, die sich vegan ernähren, und sollten täglich auf dem Speiseplan stehen.*

MEIN TIPP: Am liebsten esse ich dazu einen kleinen Salat und Kartoffelspalten aus dem Ofen.

LINSENLAIBCHEN MIT JOGHURTDIP

Für die Laibchen:

200 g rote Linsen

Salz, Pfeffer aus der Mühle

2 EL geschrotete Leinsamen

2 Frühlingszwiebeln

1 Knoblauchzehe

1 Möhre

2 cm frischer Ingwer

5 Stängel frische Kräuter (z. B. Petersilie
oder Basilikum)

½ TL geräuchertes Paprikapulver

½ TL gemahlene Kurkuma

1 EL Dinkelmehl (Type 630)

4 EL zarte Haferflocken

Dinkelbrösel zum Panieren

Öl zum Braten

Für den Dip:

1 kleines Bund frische Kräuter (z. B.
Petersilie, Basilikum oder Schnitt-
lauch)

½ Bio-Zitrone

400 g vegane Joghurt- oder
Schmand-Alternative

Salz, Pfeffer aus der Mühle

ZUBEREITUNG: Für die Laibchen die Linsen in einem Sieb mit kaltem Wasser abspülen. Reichlich Wasser in einem Topf zum Kochen bringen und die Linsen darin bei mittlerer Hitze in ca. 15 Minuten weich garen. Anschließen abgießen, in eine große Schüssel geben und mit Salz und Pfeffer würzen. Für das Leinsamen-Ei, die Leinsamen mit 4–5 EL Wasser vermengen und 5 Minuten quellen lassen.

Währenddessen die Frühlingszwiebeln waschen, putzen und in feine Ringe schneiden. Den Knoblauch schälen und fein hacken. Die Möhre und den Ingwer schälen und auf einer Küchenreibe fein raspeln. Die Kräuter waschen, trocken schütteln, die Blättchen abzupfen und fein hacken. Die vorbereiteten Zutaten zu den Linsen geben, alles gut vermengen und mit den Gewürzen abschmecken. Die gequollenen Leinsamen mit dem Mehl und den Haferflocken zugeben und gut verkneten.

Nun geht's ans Panieren! Fülle dafür einen tiefen Teller mit Dinkelbröseln. Forme aus dem Teig mit feuchten Händen ca. acht Laibchen und wälze sie in den Bröseln. Erhitze etwas Öl in einer Pfanne und brate die Laibchen darin portionsweise von beiden Seiten in ca. 3 Minuten goldbraun und knusprig. Anschließend die Laibchen auf Küchenpapier abtropfen lassen und bis zum Verzehr warm halten.

Für den Dip die Kräuter waschen, trocken schütteln, die Blättchen abzupfen und fein hacken. Die Zitrone heiß abwaschen, trocken tupfen, die Schale abreiben und den Saft auspressen. Den Joghurt oder Schmand mit den Kräutern verrühren. Mit etwas Zitronensaft, Zitronenabrieb, Salz und Pfeffer abschmecken. Den Joghurtdip zu den Linsenlaibchen reichen.

LINSENEINTOPF MIT VEGANEN WÜRSTCHEN

250 g Berglinsen

1 rote Zwiebel

2 Knoblauchzehen

2 Möhren

¼ Knollensellerie

½ Stange Lauch

150 g braune Champignons

3 EL Olivenöl

1 TL geräuchertes Paprikapulver

2 EL Tomatenmark

Salz, Pfeffer aus der Mühle

250 ml Gemüsebrühe

1 Dose stückige Tomaten (400 g)

1 TL mittelscharfer Senf

2 EL Aceto balsamico

4 Stängel frische Petersilie

4 vegane Würstchen

ZUBEREITUNG: Die Linsen in einem Sieb mit kaltem Wasser abspülen. Reichlich Wasser in einem Topf zum Kochen bringen und die Linsen darin bei mittlerer Hitze in 20–25 Minuten weich garen. Anschließend abgießen.

Währenddessen Zwiebel und Knoblauch schälen und fein hacken. Möhren, Sellerie und Lauch gründlich waschen, schälen und putzen, dann in kleine Würfel schneiden. Die Pilze putzen und ebenfalls würfeln. 2 EL Öl in einem Topf erhitzen, darin erst Zwiebel und Knoblauch, dann das Gemüse andünsten. Mit Paprikapulver, Tomatenmark, Salz und Pfeffer würzen. Mit Gemüsebrühe und stückigen Tomaten aufgießen, die gegarten Linsen zugeben und 15–20 Minuten bei mittlerer Hitze kochen lassen. Falls du es lieber etwas flüssiger magst, einfach noch ein wenig Wasser nachgießen. Mit Senf und Essig abschmecken.

Die Petersilie waschen, trocken schütteln, die Blättchen abzupfen und fein hacken. 1 EL Öl in einer Pfanne erhitzen. Die veganen Würstchen in Scheiben schneiden und im Öl anbraten. Den Linseneintopf in tiefe Teller füllen, die Würstchen darauf verteilen und alles mit Petersilie bestreut servieren.

ICH HÖRE ÖFTER *die Frage, ob mir bei meiner veganen Ernährung das Deftige nicht fehlt. Das kann ich allerdings überhaupt nicht bestätigen. Der Linseneintopf ist zum Beispiel ein deftiges und dazu noch sehr gesundes Gericht, mit viel Gemüse und Eiweiß – ganz ohne Tierleid!*

MEIN TIPP: Um deinem Chili noch ein kleines Upgrade zu verpassen, gib 1 Klecks vegane Joghurt-Alternative, frische Kirschtomaten sowie 1 Avocado (in Spalten geschnitten) auf das Chili und bestreue alles mit gehackten Mandeln.

CHILI SIN CARNE

1 Zwiebel

2 Knoblauchzehen

2 Möhren

200 g Brokkoliröschen

2 EL Olivenöl

1 TL Ahornsirup

2 EL Tomatenmark

½ TL gemahlene Kurkuma

½ TL geräuchertes Paprikapulver

150 ml Gemüsebrühe

1 Glas Mais (230 g Abtropfgewicht)

1 Glas Kidneybohnen (240 g Abtropfgewicht)

400 g passierte Tomaten

200 g Sonnenblumenhack

Salz, Pfeffer aus der Mühle

Chiliflocken

frische Basilikumblättchen (nach
Belieben)

ZUBEREITUNG: Zwiebel und Knoblauch schälen und fein hacken. Die Möhren schälen und in kleine Würfel schneiden. Die Brokkoliröschen waschen und putzen.

Das Öl in einem Topf erhitzen. Zwiebel und Knoblauch darin andünsten, dann die Möhren zugeben und mitdünsten. Ahornsirup einrühren und leicht karamellisieren lassen. Tomatenmark, Kurkuma und Paprikapulver zugeben und kurz anrösten, dann mit Gemüsebrühe ablöschen. Mais und Kidneybohnen abgießen, zusammen mit den Brokkoliröschen, den passierten Tomaten und dem Sonnenblumenhack in den Topf geben und alles bei mittlerer Hitze 20 Minuten köcheln lassen. Kräftig mit Salz, Pfeffer und Chiliflocken abschmecken. Ich streue gerne noch ein paar Blätter Basilikum darüber, aber du kannst auch Petersilie, Koriander oder andere frische Lieblingskräuter verwenden.

ICH LIEBE *dieses Gericht, egal ob mit Reis, Nachos oder einfach nur pur. Am nächsten Tag schmeckt es sogar noch besser, da sich die Aromen der Gewürze durch das Ziehenlassen über Nacht erst richtig entfalten.*

MEIN TIPP: Diese kleinen Knuspererbsen sind ein tolles Topping auf Salaten, Suppen oder Reisgerichten wie meinem Gemüsecurry (siehe Seite 85).

GERÖSTETE CHANA-MASALA-KICHERERBSEN

2 Dosen Kichererbsen
2 EL Olivenöl

Für das Chana-Masala-Gewürz:
6 EL Olivenöl
je ½ TL gemahlene Kurkuma,
    gemahlener Koriander, gemahlener
    Kreuzkümmel, Garam Masala,
    Salz, Chilipulver
1 Spritzer Limettensaft

ZUBEREITUNG: Den Backofen auf 170 °C (Umluft) vorheizen und ein Backblech mit Backpapier belegen.

Die Kichererbsen in ein Sieb gießen, unter Wasser abspülen und gut abtropfen lassen. Erst mithilfe eines Küchentuchs trocken reiben, damit sie später schön knusprig werden, dann in eine Schüssel geben und mit dem Öl vermengen. Die Kichererbsen gleichmäßig auf dem Backblech ausbreiten und im heißen Ofen (mittlere Schiene) 30 Minuten backen.

Währenddessen kannst du schon das Gewürzöl zubereiten. Dafür das Öl mit den Gewürzen in die Schüssel geben und gut verrühren. Die Kichererbsen aus dem Ofen nehmen, in die Schüssel geben und gut mit dem Öl vermischen, sodass sie rundum mariniert sind. Breite nun die Kichererbsen wieder auf dem Blech aus und schiebe es zurück in den Ofen. Backe die Erbsen weitere ca. 10 Minuten, bis sie braun und knusprig sind. Behalte den Ofen dabei im Blick, damit sie nicht verbrennen.

Zum Servieren etwas abkühlen lassen, 1 Spritzer Limettensaft drüberträufeln und losknuspern.

WIR SCHAUEN *viele Serien und lieben es, dabei Snacks zu knabbern. Dafür eignen sich diese gerösteten Kichererbsen super! Sie sind gesund und haben viele Proteine.*

HÜLSENFRÜCHTE-BURGER

1 | **DEIN PERFEKTER BURGERPATTY:** Ein gesunder und proteinreicher Burger aus Bohnen? Das geht ganz einfach: **400 g Kidneybohnen (Dose)** gut abtropfen lassen und in einer Schüssel mit einer Gabel grob zerdrücken. **1 Zwiebel** und **1 Knoblauchzehe** schälen, fein würfeln und zusammen mit **80 g Haferflocken, 2 TL Senf, 2 TL Paprikapulver, 1 TL Knoblauchpulver** und **1 EL Sojasauce** unter die Bohnen rühren. Die Masse mit den Händen gut verkneten, mit **Salz und Pfeffer** abschmecken und 3 Stunden kühlen. Dann mit den Händen aus der Masse Pattys formen und in einer Pfanne mit Öl bei mittlerer Hitze in 5–8 Minuten von jeder Seite knusprig braten. Meine Linsenlaibchen (siehe Seite 95) eignen sich ebenfalls als Burgerpatty.

2 | **SUPERFOOD HÜLSENFRÜCHTE:** Hülsenfrüchte sind nicht nur lecker und vielseitig einsetzbar, sondern auch sehr gesund. Sie besitzen einen hohen Eisen- und Eiweißgehalt und liefern unserem Körper viele wichtige Nährstoffe. Auf diese Weise wirken sie u. a. entlastend für den Darm und den Cholesterinspiegel. Zusätzlich enthalten sie viel Kalium sowie Vitamine B_1, B_6 und Folsäure.

3 | **IMMER ZU HAUSE AUF LAGER:** Getrocknete Hülsenfrüchte sind mindestens 1 Jahr haltbar. Im besten Fall werden sie kühl, trocken und lichtgeschützt gelagert. Damit eignen sie sich super für den Vorrat und du hast sie immer zur Hand, um leckere Rezepte auszuprobieren.

KAPITEL 6

BROT, BROT, BROT

Mit Brot verbinde ich: Familie und Kindheit! Denn mein Opa hat früher eine Bäckerei betrieben und mein Papa backt seit meiner Kindheit Brot für die Familie. Die klassische Brotzeit ist bei uns sozusagen Tradition – am besten mit selbst gemachten Aufstrichen aus Paprika oder Pilzen. Genauso gern mögen wir Brot zu einem Tofu-Rührei.

Du hast Gemüse übrig und weißt nicht, wohin damit? Fülle einfach einen Wrap damit und lass ihn dir mit dem Hummus nach meinem Rezept schmecken!

Und wenn du selbst Brot backen willst, dich aber nicht an das Thema Hefe herantraust, ist mein hefefreies, gesundes Life Changing Bread aus Saaten, Kernen und Nüssen bestimmt etwas für dich.

MEIN TIPP: Für eine Variante mit pinkem Hummus schneide 100 g gegarte Rote Bete in Stücke (dabei am besten Handschuhe verwenden) und püriere sie zusammen mit den restlichen Zutaten im Standmixer. Dazu noch ein paar Kalamata-Oliven und ich bin im siebten Himmel!

VEGGIE-WRAPS MIT SELBST GEMACHTEM HUMMUS

Für den Hummus:

1 Glas Kichererbsen (250 g Abtropfgewicht)

½ Zitrone

1 Knoblauchzehe

4–5 EL Olivenöl

1 EL Tahin (Sesammus)

Salz, Pfeffer aus der Mühle

Für die Wraps:

8 große Salatblätter

4 kleine Tomaten

½ Salatgurke

2 Frühlingszwiebeln

2 Stängel Basilikum

4 Vollkorn-Wraps

ZUBEREITUNG: Für den Hummus die Kichererbsen abgießen und den Saft der Zitrone auspressen. Den Knoblauch schälen und hacken. Die Zutaten zusammen mit dem Öl und Tahin in einen Standmixer geben und zu einer glatten Creme mixen. Je nach Festigkeit noch etwas Wasser hinzufügen. Den Hummus mit Salz und Pfeffer gut abschmecken.

Für die Wraps die Salatblätter waschen und trocken schleudern. Die Tomaten waschen, halbieren, den Stielansatz entfernen und das Fruchtfleisch in dünne Scheiben schneiden. Die Gurke waschen und ebenfalls in dünne Scheiben schneiden. Die Frühlingszwiebeln waschen, putzen und in feine Ringe schneiden. Das Basilikum waschen, trocken schütteln und die Blättchen abzupfen.

Jetzt geht's ans Rollen! Erwärme dafür die Wraps nach Packungsanweisung und bestreiche sie mittig mit Hummus. Belege jeden Wrap mit zwei Salatblättern, ein paar Tomaten- und Gurkenscheiben und streue Frühlingszwiebelringe und Basilikumblättchen darüber. Nun klappe die Seiten über die Füllung und rolle von unten nach oben fest auf – it's a wrap!

WRAPS SIND SUPER *für die Resteverwertung! Alles, was du dafür benötigst, sind Kichererbsen, um Hummus herzustellen, und Wraps. Der Befüllung sind keine Grenzen gesetzt. Hier passt jedes Gemüse – oder sogar auch Obst, wie Äpfel und Trauben. Reichhaltiger wird es noch mit Tofu, scharf gewürzt mit Joghurtdip.*

TOFU-KICHERERBSEN-RÜHREI

1 Zwiebel

1 Zucchini

400 g Tofu (Natur)

1 Handvoll Kirschtomaten

1–2 EL Öl

1 Glas Kichererbsen (250 g
    Abtropfgewicht)

1 EL Kurkuma

3 EL Hefeflocken

2 EL Joghurt-Alternative (z. B. Soja)

1 Prise Kala Namak (Schwarzsalz)

Pfeffer aus der Mühle

Brot oder Baguette (nach Belieben)

ZUBEREITUNG: Die Zwiebel schälen und würfeln. Die Zucchini waschen und mit einer Küchenreibe klein raspeln. Den Tofu erst mit einem Küchenpapier gut trocken tupfen, danach kannst du ihn mit den Fingern mittelfein zerbröseln. Die Kirschtomaten waschen und halbieren.

Das Öl in einer Pfanne erhitzen, erst die Zwiebel darin glasig andünsten, dann den Tofu zugeben und anbraten. Die Kichererbsen abtropfen lassen und mit den Zucchiniraspeln in die Pfanne geben. Die Hitze reduzieren, Kurkuma, Hefeflocken und Joghurt zugeben, unterrühren und kurz ziehen lassen.

Für den typischen Eiergeschmack würze das Rührei mit etwas Kala Namak und Pfeffer. Dann die Pfanne von der Herdplatte nehmen und das Rührei mit Tomatenhälften garnieren. Nach Belieben mit Brot oder Baguette servieren.

ES GEHT NICHTS *über ein gutes Tofu-Rührei an einem Sonntagmorgen. Am liebsten esse ich dazu ein Baguette mit Margarine und Tomaten.*

VEGANER PAPRIKAAUFSTRICH

2 rote Paprika

1 kleine Möhre

1 Frühlingszwiebel

½ Zitrone

1 Medjool-Dattel

3–4 EL Olivenöl

1 EL Tomatenmark

50 g Cashewkerne

50 g Sonnenblumenkerne

1 EL Nussmus nach Wahl

1 Prise geräuchertes Paprikapulver

Salz, Pfeffer aus der Mühle

Basilikumblättchen zum Garnieren

ZUBEREITUNG: Die Paprika vierteln, putzen und waschen. Die Möhre schälen und klein würfeln. Die Frühlingszwiebel waschen, putzen und in Ringe schneiden. Den Saft der Zitrone auspressen.

Alle Zutaten in einen Standmixer geben und cremig pürieren. Den Aufstrich nochmals mit Paprikapulver, Salz und Pfeffer abschmecken. Die Basilikumblättchen waschen und trocken tupfen. Den Aufstrich mit Basilikum garnieren und nach Lust und Laune mit Crackern, Brot oder Gemüsesticks servieren. Den restlichen Aufstrich füllst du am besten in ein luftdicht verschließbares steriles Glas und lagerst es im Kühlschrank. So hält er sich ca. 1 Woche.

ICH LIEBE ES, *Aufstriche selbst herzustellen, denn so weiß ich, was drin ist! Das Tolle daran ist, ich kann Zutaten aufbrauchen, die ich sonst vielleicht wegschmeißen müsste, wie Radieschenblätter, Möhrengrün, zu weiche Tomaten oder gekochte Linsen vom Vortag.*

MEIN TIPP: Aufs Brot schmieren und mit 1 EL schwarzen Sesamsamen und Basilikumblättchen garnieren – schmeckt besser als jede Leberwurst!

CREMIGER PILZAUFSTRICH

40 g Cashewkerne

1 EL Sonnenblumenkerne

1 Knoblauchzehe

250 g Champignons

2 EL Olivenöl

½ TL Salz

½ TL Pfeffer aus der Mühle

1 EL Hefeflocken

1 TL Gemüsebrühepulver

ZUBEREITUNG: Die Cashews und Sonnenblumenkerne in einer Pfanne ohne Fett goldbraun rösten, bis sie duften, dann herausnehmen und beiseitestellen. Den Knoblauch schälen und hacken. Die Pilze putzen und würfeln. Das Öl in der Pfanne erhitzen und die Pilze darin 2–3 Minuten anbraten, den Knoblauch dazugeben und mitbraten.

Die Cashews und Sonnenblumenkerne in einen Blitzhacker oder eine Küchenmaschine geben und fein zermahlen. Zusammen mit den Knoblauch-Pilzen, 1 EL Wasser und den Gewürzen in der Küchenmaschine oder mit einem Stabmixer cremig pürieren. Je nach Bedarf kannst du noch etwas Wasser zufügen, damit der Aufstrich cremiger wird, und nochmals mit den Gewürzen abschmecken.

In einem sterilen Einmachglas hält sich der Aufstrich gut gekühlt einige Tage.

ICH BIN EIN *großer Brotfan! Mein Vater backt seit meiner Kindheit jede Woche frisches Brot und wenn ich einmal anfange davon zu essen, kann ich schwer wieder aufhören. Das vermisse ich in Spanien sehr, denn hier gibt es nicht so gutes Brot wie bei meinem Papa.*

MEIN TIPP: Du kannst das Brot auch in Scheiben geschnitten einfrieren und, wann immer du Lust darauf hast, einfach toasten. Übrigens: Statt dem klassischen Brotgewürz schmeckt das Brot auch mit italienischem Brotgewürz superlecker!

LIFE CHANGING BREAD

130 g Sonnenblumenkerne

90 g Goldleinsamen

70 g Nussekerne (z. B. Mandeln, Haselnuss- oder Walnusskerne)

140 g kernige Haferflocken

3 EL Chiasamen

3 EL Flohsamenschalen

1 TL Salz

½–1 TL Brotgewürz-Mischung (Fenchel, Kümmel, Anis und Koriander; nach Belieben)

3 EL flüssiges Kokosöl (alternativ neutrales Öl)

ZUBEREITUNG: Alle trockenen Zutaten mit den Gewürzen in eine Schüssel geben und vermischen. Das flüssige Kokosöl mit 350 ml heißem Wasser verrühren und zu den trockenen Zutaten geben. Alles gut miteinander verkneten und zu einem Teigklumpen formen. Ist der Teig noch zu kompakt, kannst du noch etwas mehr Wasser hinzugeben.

Eine Kastenform (ca. 25 cm) mit Backpapier auslegen, den Teig in die Form geben und gleichmäßig verteilen. Mindestens 2 Stunden, besser über Nacht, mit einem Tuch abgedeckt bei Raumtemperatur ruhen lassen.

Am Ende der Ruhezeit den Backofen auf 175 °C (Ober-/Unterhitze) vorheizen. Die Kastenform in den vorgeheizten Ofen schieben und den Teig 20 Minuten (mittlere Schiene) backen. Dann nimmst du das Brot aus dem Ofen und mithilfe des Backpapiers aus der Form. Nun drehst du es auf den Kopf und backst es direkt auf dem Rost weitere 40–50 Minuten. Mit der Klopfprobe kannst du prüfen, ob das Brot gut ist: Wenn es fertig ist, klingt es hohl.

Das fertige Brot aus dem Ofen nehmen und vollständig auskühlen lassen, erst dann mit einem scharfen, glatten Messer in Scheiben schneiden. Es hält sich in einem gut verschlossenen Behälter 5 Tage.

ANFANGS HABE ICH *mir immer eine Fertigbackmischung gekauft, um mir ein vollwertiges Brot zu backen, da es in Spanien fast nur Weißbrot gibt. Mittlerweile mische ich mir selbst mein Life Changing Bread an. Das Brot ist sehr sättigend und supergesund, da es voller Nüsse, Kerne und Samen ist. Du kannst es auch süß backen, indem du die Gewürze einfach weglässt und stattdessen Rosinen untermischst.*

DIPS

1 | **DIP AUS KERNEN:** *Eine tolle Alternative, denn es muss nicht immer Frischkäse die Basis eines Dips sein. Weiche dafür Sonnenblumenkerne mindestens 12 Stunden in Wasser ein. Danach mit frischem Wasser durchspülen und in einem Sieb abtropfen lassen. Jetzt kannst du deinem Geschmack freien Lauf lassen. Kombiniere die Kerne z. B. mit getrockneten Tomaten, Tomatenmark und Kräutern. Oder mit gebackenem Kürbis und Currypulver. Wichtig ist, dass du sie gut mit dem Mixer pürierst und nicht an Öl (z. B. Olivenöl) sparst. Lass dir Zeit beim Mixen und du wirst mit einem schön sämigen Aufstrich belohnt.*

2 | **RESTEVERWERTUNG DELUXE:** *Du hast noch Ofengemüse übrig? Die gekochten Linsen sind zu weich für den Salat geworden? Oder du hast einfach keine Lust mehr drauf? Pack deine Reste in den Mixer und schau, was draus wird – im besten Fall eine leckere Gemüsesauce für Pasta, Reis & Co. Ist die Mischung zu trocken, gib etwas Öl dazu. Ist sie zu flüssig, ergänze ein paar gekochte Hülsenfrüchte oder mogel ein bisschen mit Semmelbröseln. Das einzig Blöde an der Sache ist, dass sich solche Experimente meistens nicht wiederholen lassen – was schade ist, wenn etwas richtig Leckeres dabei herauskommt. Aber dafür bleiben sie eine Überraschungskiste!*

3 | **DIP, SAUCE, DRESSING:** *Diprezepte eignen sich nicht nur als Brotaufstrich. Du kannst Dips auch als Beilage zu Rohkost servieren, mit etwas Pflanzendrink zu einer Sauce für deine Bowl strecken oder sogar als Salatdressing nutzen. Oder du füllst veganen Blätterteig mit dem Dip und backst kleine Knuspertaschen daraus.*

KAPITEL 7

GEMÜSE UND ANDERES GRÜNZEUG

Bis hierhin haben wir schon bewiesen, dass Veganer*innen sich nicht ausschließlich von Grünzeug ernähren, aber natürlich darf ein Kapitel zum Thema Gemüse trotzdem nicht fehlen. Schließlich stecken darin superviele Nährstoffe – mehr als in allen anderen Lebensmitteln! Vollgepackt mit Mineralien, Vitaminen und Ballaststoffen bilden sie nach kalorienfreien Getränken und neben Obst die breite Grundlage der Ernährungspyramide. Ich zeige dir in diesem Kapitel, wie ich mein Gemüse am liebsten zu mir nehme: in Form von Zucchinitalern und Salat, als Gemüsepfanne und mit veganem Hühnerfrikassee. Meine Lieblingsessen – Pizza und Sushi – dürfen dabei natürlich auch nicht fehlen!

ZUCCHINITALER MIT KRÄUTER-KNOBLAUCH-DIP

Für die Zucchinitaler:

2 Zucchini

1 Frühlingszwiebel

1 Knoblauchzehe

4 EL zarte Haferflocken

4 EL Dinkel-Vollkornmehl

2 EL geschrotete Leinsamen

Salz, Pfeffer aus der Mühle

Öl zum Braten

Für den Dip:

1 Knoblauchzehe

1 Bio-Zitrone

1 Becher vegane Sauerrahm-Alternative (ca. 150 g)

1 EL Kresse

Salz, Pfeffer aus der Mühle

ZUBEREITUNG: Für die Taler die Zucchini waschen, putzen und auf einer Küchenreibe grob raspeln. Die Frühlingszwiebel waschen, putzen und in feine Ringe schneiden. Die Knoblauchzehe schälen und fein hacken. Alles in eine große Schüssel geben, Haferflocken, Mehl und Leinsamen zugeben und mit den Händen gut verkneten. Mit Salz und Pfeffer abschmecken und 15 Minuten ziehen lassen.

In der Zwischenzeit kannst du schon den Dip zubereiten. Dafür die Knoblauchzehe schälen und fein hacken. Die Zitrone heiß abwaschen, trocken tupfen, die Schale abreiben und den Saft auspressen. Den Sauerrahm mit Knoblauch und Kresse verrühren und mit etwas Zitronensaft, Zitronenschale, Salz und Pfeffer abschmecken.

Ausreichend Öl in einer großen Pfanne erhitzen. Nun gibst du pro Taler 2 EL der Zucchinimasse in die Pfanne und drückst sie leicht flach. Brate die Taler von beiden Seiten in wenigen Minuten goldbraun. Danach kurz auf Küchenpapier abtropfen lassen und mit Kräuter-Knoblauch-Dip servieren.

ZUCCHINI IST *unser all-time favorite! Grob geraspelt mit Frühlingszwiebeln vermischt, geben sie den Talern eine frische, saftige Note. Statt Kräuter-Knoblauch-Dip schmecken sie auch mit einem Joghurtdip, Zaziki oder – wer es süßer mag – mit Apfelmus. Wenn dir das Reiben per Hand zu aufwendig ist, empfehle ich dir den Kauf einer elektrischen Reibe. Besonders dann, wenn du die Taler so gerne und oft isst wie ich.*

MEIN TIPP: Zum Frikassee esse ich am liebsten Reis. Statt Spargel aus dem Glas kannst du auch frischen Spargel verwenden. Dafür den Spargel schälen, die Enden knapp abschneiden und die Stangen in kleinere Stücke schneiden. Einen Topf mit etwas Wasser, 1 Prise Salz und Zucker aufkochen, die Spargelstücke zugeben und ca. 10 Minuten garen. Anschließend wie oben beschrieben weiterverwenden.

VEGANES HÜHNERFRIKASSEE

300 g Pilze

1 Zwiebel

1 Möhre

2 EL vegane Butter-Alternative

170 g vegane Filetstücke nach
   Hähnchen-Art

150 ml trockener Weißwein

350 ml Gemüsebrühe

2 Lorbeerblätter

½ Bio-Zitrone

1 Glas Kapern (90 g Abtropfgewicht)

4 Stangen weißer Spargel (aus dem Glas)

75 g TK-Erbsen

250 g vegane Sahne-Alternative
   (z. B. Hafer-, Cashew- oder
   Sojacreme-Cuisine)

frisch geriebene Muskatnuss

Salz, Pfeffer aus der Mühle

2 Stängel frische Petersilie

ZUBEREITUNG: Die Pilze gut putzen und in Scheiben schneiden. Die Zwiebel schälen und klein würfeln. Die Möhre schälen und in Scheiben schneiden. Die Butter in einer tiefen Pfanne erhitzen und die Zwiebel darin glasig dünsten. Filetstücke zugeben und rundherum braun anbraten. Pilze und Möhren zugeben und mitbraten. Mit Weißwein und Gemüsebrühe ablöschen, Lorbeerblätter zufügen und ca. 12 Minuten bei geschlossenem Deckel köcheln lassen.

Die Zitrone heiß abwaschen, trocken tupfen, die Schale abreiben und den Saft auspressen. Die Kapern abgießen. Die Spargelstangen in ca. 2 cm lange Stücke schneiden. Spargel, Erbsen, Kapern, 1 EL Zitronensaft und 1 TL Zitronenabrieb zum Gemüse zufügen und alles mit Sahne aufgießen. Bei kleiner Hitze 5 Minuten köcheln lassen.

Die Lorbeerblätter entfernen und das Frikassee mit Muskatnuss, Salz und Pfeffer abschmecken. Die Petersilie waschen, trocken schütteln, die Blättchen abzupfen und fein hacken. Das Frikassee mit gehackter Petersilie bestreuen.

FRÜHER HABE ICH *Hühnerfrikasse sehr gerne gegessen und in meiner Anfangszeit als Veganerin dann sehr vermisst. Zum Glück gibt es mittlerweile eine so große Vielfalt an Fleischersatzprodukten aus Fleischalternativen wie Tofu, Tempeh, Lupinen, Seitan, Hülsenfrüchten, Getreide oder exotischen Lebensmitteln wie Jackfruit. Dadurch konnte ich mein geliebtes Hühnerfrikassee wieder neu für mich entdecken. Mit Kapern schmeckt es mir übrigens noch viel besser!*

KNUSPRIGE PIZZA MIT BUNTEM GEMÜSE

Für den Teig:

½ Würfel frische Hefe (21 g)

1 TL Zucker

1 TL Salz

2 EL Olivenöl

500 g Pizzamehl (alternativ Dinkelmehl
Type 630) + Mehl zum Arbeiten

Für die Tomatensauce:

2 Knoblauchzehen

2 EL Olivenöl

1 EL Tomatenmark

200 g passierte Tomaten

Salz, Pfeffer aus der Mühle

2 TL frischer Oregano (alternativ
getrockneter Oregano)

Für den Belag:

1 Glas Artischockenherzen in Lake
(120 g Abtropfgewicht)

4–5 Champignons

1 rote Zwiebel

1 kleine Zucchini

100 g Kirschtomaten

10 schwarze Oliven

200 g vegane Reibekäse-Alternative

ZUBEREITUNG: Für den Teig die Hefe in eine Schüssel bröckeln, 300 ml lauwarmes Wasser zugeben und die Hefe darin auflösen. Zucker, Salz und Öl hinzufügen, dann nach und nach das Mehl zugeben und alles mit dem Handrührgerät oder der Küchenmaschine zu einem glatten, elastischen Teig verkneten. Mit etwas Mehl bestäuben und zugedeckt ca. 45 Minuten auf das doppelte Volumen aufgehen lassen.

In der Zwischenzeit kannst du schon die Tomatensauce zubereiten. Dafür den Knoblauch schälen und fein hacken. Das Öl in einem Topf erhitzen und den Knoblauch darin andünsten. Dann das Tomatenmark und die passierten Tomaten zufügen und alles mit Salz, Pfeffer und frischem Oregano würzen. Die Sauce 10 Minuten bei niedriger Hitze köcheln lassen.

Währenddessen den Backofen auf 200 °C (Umluft) vorheizen und das Gemüse für den Belag vorbereiten. Die Artischocken abtropfen lassen, die Champignons gut putzen und in Scheiben schneiden. Die Zwiebel schälen und in feine Ringe schneiden. Zucchini und Tomaten waschen, Zucchini in dünne Scheiben schneiden und Tomaten halbieren.

Jetzt geht's ans Belegen! Zerteile den Teig in zwei Hälften und rolle sie auf einer bemehlten Arbeitsfläche mit einem Nudelholz rund aus. Falls nötig, kannst du mit den Händen nachhelfen und den Teig rund ziehen. Zwei Backbleche mit Backpapier auslegen und den Teig auf die Bleche legen. Den Pizzateig mit Tomatensauce bestreichen, das Gemüse darauf verteilen und alles mit Käse bestreuen. Die Bleche in den heißen Ofen schieben und die Pizzen in 15–20 Minuten knusprig backen.

MEIN TIPP: Damit du beim Entkernen des Granatapfels nicht wild um dich spritzt, verrate ich dir einen Trick: Schneide den Granatapfel auf und tauche ihn in eine Schale voll Wasser. Löse dann die Kerne unter Wasser aus der Schale. So bleibt alles fleckenfrei!

FRUCHTIGER GRÜNKOHLSALAT MIT AVOCADO UND GRANATAPFEL

400 g zarte Grünkohlblätter

3 EL Olivenöl

2 EL Zitronensaft

Salz

1 Granatapfel

1 Apfel

1 Avocado

100 g Kirschtomaten

12 getrocknete Datteln (ohne Stein)

200 g vegane Feta-Alternative

4 EL Aceto balsamico

1 EL Dattelsirup

1 TL mittelscharfer Senf

Pfeffer aus der Mühle

4 EL Pinienkerne

ZUBEREITUNG: Den Grünkohl waschen und trocken schleudern, die Blätter klein zupfen und in eine Schüssel geben. Öl, Zitronensaft und etwas Salz dazugeben und den Grünkohl weich massieren. Den Granatapfel halbieren, die Kerne herauslösen (siehe Tipp) und zum Grünkohl geben. Den Apfel waschen, vierteln, entkernen und klein würfeln. Die Avocado halbieren, entkernen, das Fruchtfleisch mit einem Löffel aus der Schale lösen und ebenfalls klein würfeln. Die Tomaten waschen und halbieren. Die Datteln in Ringe schneiden. Den Feta mit den Fingern zerbröseln. Alle Zutaten zum Grünkohl in die Schüssel geben und untermengen. Aceto balsamico, Dattelsirup und Senf verrühren und mit Salz und Pfeffer würzen.

Die Pinienkerne kannst du nach Belieben in einer Pfanne ohne Fett anrösten, bis sie duften, oder einfach pur auf den Salat streuen.

FRÜHER MOCHTE *ich keinen Grünkohl – und schon gar nicht roh! Mittlerweile gibt es ihn in der Grünkohlsaison ganz oft bei uns. Am liebsten als frischen Salat aus den feinen, mit Olivenöl und Salz einmassierten Grünkohlblättchen. So werden sie schön weich und leichter bekömmlich. Die Kombination aus Früchten und Feta ist unschlagbar und eine richtige Nährstoffbombe für den Körper!*

MEIN TIPP: Wenn du gerne scharf isst, serviere zum Sushi noch eingelegten Ingwer (Gari) und Wasabi-paste.

VEGANES SUSHI

400 g Sushi-Reis

3 EL Reisessig

2 EL Zucker

1 TL Salz

1 Avocado

1 kleine Gurke

2 Möhren

4–6 Nori-Blätter

Tamari (Sojasauce)

ZUBEREITUNG: Den Sushi-Reis nach Packungsanweisung gar kochen. Reisessig, Zucker und Salz verrühren und leicht erwärmen, bis der Zucker sich auflöst. Den fertig gegarten Reis sorgfältig mit der Essigmischung vermengen, mit einem feuchten Tuch abdecken und abkühlen lassen.

In der Zwischenzeit die Füllung vorbereiten. Dafür die Avocado halbieren, den Kern entfernen, das Fruchtfleisch mit einem Löffel aus der Schale lösen und in ca. 0,5 cm breite Streifen schneiden. Die Gurke waschen, die Möhren schälen und beides ebenfalls in ca. 0,5 cm breite, längliche Streifen schneiden.

Jetzt geht's ans Rollen! Dafür legst du ein Nori-Blatt mit der rauen Seite nach oben auf eine Sushi-Matte. Verteile mit angefeuchteten Händen eine kleine Handvoll Sushi-Reis gleichmäßig auf dem Nori-Blatt, lasse dabei einen ca. 2 cm breiten Rand am oberen Ende frei. Belege nun das untere Drittel des Blattes mit Avocado-, Gurken- und Möhrenstreifen. Rolle nun das Nori-Blatt mithilfe der Sushi-Matte fest nach oben auf. Den Rand des Blattes mit Wasser befeuchten und vollständig aufrollen. Die Sushi-Rolle mithilfe der Matte festdrücken und in Form bringen, dann mit einem scharfen Messer in mundgerechte Stücke schneiden. Das Sushi in Tamari dippen und genießen.

VON AVOCADO-MAKI *kann ich nie genug bekommen. Wenn wir welche bestellen oder selbst machen, essen wir so viele davon, bis uns ganz schlecht ist. An unseren Pärchenabenden bereiten wir die Makis immer zusammen zu und verputzen dann alle, während wir einen Film oder unsere Lieblingsserie schauen.*

ASIATISCHE GEMÜSEPFANNE

Für die Gemüsepfanne:

200 g Glasnudeln

je 1 rote und grüne Paprika

1 kleine Zucchini

200 g Pilze

100 g Grünkohl

2 EL Öl zum Braten

2 EL schwarzer Sesam

Für die Sauce:

1 Knoblauchzehe

1 Zitrone

2 EL Sojasauce

2 EL Erdnussmus

2 EL Dattelsirup

2 EL Sesamöl

Pfeffer aus der Mühle

ZUBEREITUNG: Für die Gemüsepfanne die Glasnudeln in einer großen Schüssel mit heißem Wasser übergießen und 5 Minuten ziehen lassen, dann durch ein Sieb abgießen und abtropfen lassen. Derweil die Paprika vierteln, putzen, waschen und in mundgerechte Stücke schneiden. Die Zucchini waschen, längs halbieren und in 1 cm dicke Halbmonde schneiden. Die Pilze putzen und halbieren. Den Grünkohl putzen, waschen, trocken schleudern und klein zupfen.

Das Öl in einer großen Pfanne erhitzen. Die Paprika hineingeben und 3 Minuten scharf anbraten. Dann Zucchini und Pilze zugeben und mitbraten. Nach 5 Minuten die Hitze reduzieren, den Grünkohl zugeben und zusammenfallen lassen.

Parallel kannst du schon die Sauce zubereiten. Dafür den Knoblauch schälen und fein hacken. Die Zitrone auspressen. Alle Zutaten in einer Schale verrühren und mit Pfeffer würzen. Die Sauce nach Bedarf noch mit etwas Wasser verdünnen, dann zum Gemüse in die Pfanne geben und gut untermengen. Die Gemüsepfanne auf Teller verteilen und mit Sesam bestreut servieren.

NEBEN GEMÜSECURRY *(siehe Seite 85) ist eine asiatische Gemüsepfanne das vermutlich zweithäufigste Gericht bei sich vegan ernährenden Menschen. Es ist schnell gemacht, vielseitig und gesund. Ob mit Glas-, Reis- oder Mie-Nudeln, Tofu oder Tempeh – hier ist alles möglich! Ich wähle mein Gemüse immer nach Saison und ergänze mit dem, was der Vorrat noch hergibt.*

BROKKOLI

1 | **MIT BROKKOLI GEHT EINFACH ALLES:** Du kannst ihn kochen, braten – oder im Backofen backen. Dafür den Ofen auf 200 °C vorheizen. Den Brokkoli putzen, waschen und in Röschen teilen. Dann zusammen mit **1 Handvoll gehackten Mandeln** auf einem Blech verteilen. Alles mit **3 EL Olivenöl** vermischen und mit **Salz und Pfeffer** würzen. Nach 10–15 Minuten im Ofen ist der Brokkoli schön knusprig und hat einen richtig herzhaften Geschmack entwickelt – die perfekte Ergänzung in einer Bowl oder für deine Nudeln.

2 | **BLOSS NICHT IN DEN MÜLL!** In vielen Rezepten wird der Brokkolistrunk einfach gar nicht erwähnt, dabei ist er genauso gut essbar wie die Röschen selbst. Wenn du die Röschen abgetrennt hast, schneide unten eine etwa 2 cm breite Scheibe vom Strunk ab, so entfernst du den trockenen Teil. Danach kannst du den Strunk einfach in Stücke schneiden und weiterverarbeiten – z. B. für einen Rohkostsalat raspeln, klein geschnitten als Suppe kochen oder in Scheiben in etwas Öl anbraten.

3 | **NACHHALTIGES SUPERFOOD:** Mit dem Begriff Superfood verbinden wir meistens eher exotische Lebensmittel wie Chiasamen oder Kurkuma. Dabei wird auch in unserer Gegend Superfood angebaut – und Brokkoli gehört definitiv dazu, denn er ist extrem nährstoffreich. Wichtig: Die meisten Nährstoffe bleiben erhalten, wenn man ihn nur kurz dünstet. Dadurch, dass er von Juni bis Oktober bei uns Saison und somit meist keine langen Transportwege hinter sich hat, ist auch seine CO_2-Bilanz recht gut.

KAPITEL 8

SÜSSES UND NASCHKRAM

Vegan backen geht nicht? Geht doch! Das beweist dieses Kapitel, das sich an alle richtet, die Süßes lieben. Russischer Zupfkuchen, Cheesecake, Amerikaner, Apfeltaschen und Kaiserschmarren – na, läuft dir schon das Wasser im Mund zusammen? Ich liebe es einfach, mit Familie und Freund*innen Kuchen zu essen!
Aber es muss ja gar nicht gleich Kuchen sein. So esse ich zum Beispiel die fruchtige Joghurt-Bowl supergern als Zwischenmahlzeit. Als Snack ebenfalls wunderbar geeignet sind die Carrot Cake Bliss Balls mit selbst gemachter Schokocreme. Diese Schokocreme darfst du dir nicht entgehen lassen!

TRÄUMEN

Träume zeigen dir den Weg.
Visualisiere deine Träume. Sie
als wären sie real. Sie
werden schneller wahr, als
du dir vorstellen kannst.

RUSSISCHER ZUPFKUCHEN

Für den Boden:

200 g vegane Butter-Alternative + 1 TL
    für die Form

300 g Dinkelmehl (Type 630)

80 g Rohrohrzucker

1 Prise gemahlene Bourbon-Vanille

2 TL Weinstein-Backpulver

1 Prise Salz

50 g Backkakao

Für die Füllung:

1 Bio-Zitrone

80 g vegane Butter-Alternative

400 vegane Quark-Alternative

400 g vegane Joghurt-Alternative (Soja)

¼ TL gemahlene Bourbon-Vanille

2 Pck. Vanillepuddingpulver

100 g Rohrohrzucker

ZUBEREITUNG: Den Backofen auf 180 °C (Umluft) vorheizen. Eine Springform (ca. 26 cm Ø) mit Butter einfetten oder mit Backpapier auslegen. Für den Boden alle Zutaten mit 2 EL kaltem Wasser verkneten. Zwei Drittel vom Teig in die Form geben und gleichmäßig verteilen, dabei leicht andrücken.

Für die Füllung die Zitrone heiß abwaschen, trocken tupfen und die Schale fein abreiben. Die Butter in einem Topf oder der Mikrowelle schmelzen. Alle Zutaten in eine Schüssel geben und gründlich miteinander vermengen. Die Füllung auf den Boden geben und gleichmäßig verteilen. Den restlichen Teig in kleine Stücke zupfen und auf der Füllung verteilen. Die Springform in den heißen Ofen (mittlere Schiene) schieben und den Kuchen 45–50 Minuten backen. Anschließend aus dem Ofen nehmen und komplett auskühlen lassen.

ZUPFKUCHEN IST MEIN *absoluter Lieblingskuchen, denn ich bin ein großer Fan von Schokoladen- und Käsekuchen. Beides in einem Kuchen vereint, ist meiner Meinung nach die weltbeste Erfindung! Und noch großartiger ist, dass es eine vegane Alternative gibt, die genauso cremig und schokoladig ist. Ich hätte gerade richtig Lust auf ein großes Stück, du auch?*

MEIN TIPP: Gib noch einen Klecks Joghurt und frisches Obst auf den Kuchen – so wird der Cheesecake ein echter Hingucker!

FLUFFY CHEESECAKE

Für den Boden:

250 g Dinkelmehl (Type 630)

2 TL Weinstein-Backpulver

120 g vegane Butter-Alternative

50 g Rohrohrzucker

1 Prise Salz

Für die Füllung:

1 Bio-Zitrone

50 g vegane Butter-Alternative

1 kg vegane Joghurt-Alternative (Soja)

2 Pck. Vanillepuddingpulver

1 Prise gemahlene Bourbon-Vanille

100 g Rohrohrzucker

ZUBEREITUNG: Den Backofen auf 160 °C (Umluft) vorheizen. Eine Springform (ca. 26 cm Ø) mit Butter einfetten oder mit Backpapier auslegen. Für den Boden alle Zutaten mit 2–3 EL Wasser zu einem Teig verkneten. Den Teig in die Springform geben, gleichmäßig verteilen und leicht andrücken.

Für die Füllung die Zitrone heiß abwaschen, trocken tupfen und die Schale fein abreiben. Die Butter in einem Topf oder der Mikrowelle schmelzen. Alle Zutaten in eine Schüssel geben und gründlich miteinander vermengen. Die Füllung auf den Boden geben und gleichmäßig verteilen. Die Springform in den heißen Ofen (mittlere Schiene) schieben und den Kuchen ca. 1 Stunde backen. Anschließend aus dem Ofen nehmen und komplett auskühlen lassen.

WIE ICH BEIM *Zupfkuchen schon erwähnt habe, bin ich ein riesengroßer Käsekuchen-Fan! Leider teilt Felix diese Kuchenliebe nicht, daher backe ich sehr selten oder muss, wenn ich welchen backe oder kaufe, den ganzen Kuchen alleine essen. Deswegen freue ich mich immer über Kuchenbesuch!*

KAISERSCHMARREN MIT APFELMUS

Für das Apfelmus:

500 g Äpfel

½ TL gemahlener Zimt

1 TL Zitronensaft

Für den Kaiserschmarren:

200 ml Haferdrink

200 ml Mineralwasser mit Kohlensäure

2 EL Apfelessig

160 g Apfelmus (siehe oben)

200 g Dinkelmehl (Type 630)

50 g Rohrohrzucker

1 Pck. Weinstein-Backpulver

1 Prise Salz

40 g Vanillepuddingpulver

2 EL Öl zum Ausbacken

Puderzucker zum Bestäuben

ZUBEREITUNG: Den Backofen auf 170 °C (Umluft) vorheizen.

Für das Apfelmus die Äpfel waschen, vierteln, entkernen und mit der Schale in grobe Stücke schneiden. Zusammen mit Zimt, Zitronensaft und ca. 100 ml Wasser in einen Topf geben, aufkochen und bei niedriger Hitze 10 Minuten köcheln lassen, bis die Äpfel weich sind. Anschließend mit einem Stabmixer oder in der Küchenmaschine fein pürieren und abkühlen lassen.

Für den Kaiserschmarren den Haferdrink in einer Schüssel mit Mineralwasser, Essig und Apfelmus verrühren. In einer zweiten Schüssel das Mehl mit Zucker, Backpulver, Salz und Puddingpulver vermengen. Die flüssige Masse zur Mehlmischung geben und kurz unterrühren. Dabei nicht zu lange rühren, damit nicht zu viel Kohlensäure entweicht.

Das Öl in einer großen ofenfesten Pfanne erhitzen. Den Teig hineingeben und bei mittlerer Hitze ca. 2 Minuten backen. Dann in den vorgeheizten Ofen geben und in ca. 20 Minuten fertig backen, bis der Teig goldbraun ist. Anschließend nimmst du den Kaiserschmarren aus dem Ofen, zerreißt ihn mit zwei Gabeln in mundgerechte Stücke und bestäubst alles fein mit Puderzucker. Den Kaiserschmarren mit dem restlichen Apfelmus servieren.

BEI KAISERSCHMARREN *muss ich direkt an Winterurlaube und Skihütten denken. Durchgefroren vom Schneegestöber, mit roten Wangen und kalter Nase, vor einem warmen, süß duftenden Kaiserschmarren mit viel Puderzucker sitzen, dazu eine Tasse heißen Apfelsaft mit Zimt – da wünsch ich mir doch fast den Winter herbei.*

MEIN TIPP: Statt zu fertigem Apfelmus aus dem Glas zu greifen, kannst du auch selbst welches herstellen. Auf Seite 141 zeig ich dir, wie das geht. Und mal ehrlich, selbst gemacht schmeckt's doch einfach am besten!

AMERIKANER MIT HIMBEEREN

Für den Teig:

100 g vegane Butter-Alternative

250 g Dinkelmehl (Type 630)

1 Pck. Vanillepuddingpulver

1 Pck. Weinstein-Backpulver

100 g Rohrohrzucker

1 Prise gemahlene Bourbon-Vanille

50 g Apfelmus

100 ml Haferdrink

Für die Glasur:

100 g Puderzucker

2 EL Haferdrink

1 Prise gemahlene Bourbon-Vanille

Himbeeren und Mandeln zum Garnieren

   (nach Belieben)

ZUBEREITUNG: Für den Teig die Butter bei Zimmertemperatur weich werden lassen. Den Backofen auf 170 °C (Umluft) vorheizen und ein Backblech mit Backpapier auslegen. Du kannst die Butter auch kurz in den Ofen legen, um sie zu erwärmen.

Das Mehl mit Puddingpulver und Backpulver in eine Schüssel geben und vermengen. In einer zweiten Schüssel Butter und Zucker mit dem Handrührgerät oder der Küchenmaschine cremig schlagen. Gemahlene Vanille, Apfelmus und Haferdrink unterrühren. Dann die trockene Mischung zu der feuchten Mischung geben und gut untermengen. Den Teig in runden Häufchen mit genug Abstand auf das Blech geben und mit einem angefeuchteten Löffel zu einer Kuppel glatt streichen. Die Amerikaner im heißen Ofen 15–18 Minuten backen, dann aus dem Ofen nehmen und vollständig auskühlen lassen.

In der Zwischenzeit kannst du schon die Glasur anrühren. Dafür den Puderzucker mit Haferdrink und gemahlener Vanille gründlich verrühren, bis keine Klümpchen mehr im Guss zu sehen sind. Bestreiche die flache Seite der Amerikaner mit der Glasur und lasse sie für einige Minuten trocknen, bevor du sie servierst. Wenn du magst, kannst du die Amerikaner noch mit Himbeeren und Mandeln nach Lust und Laune dekorieren – deiner Fantasie sind keine Grenzen gesetzt.

ALS KIND *gab es bei uns zu Hause kaum Süßigkeiten. Wenn ich auf Geburtstagen einen Amerikaner essen durfte, war das immer etwas ganz Besonderes. Ich weiß noch ganz genau, wie der erste Bissen eines Amerikaners geschmeckt hat, und bin noch heute großer Fan von diesem saftigen Gebäck.*

CARROT CAKE BLISS BALLS MIT SCHOKOCREME

Für die Bliss Balls:

1 kleine Möhre (ca. 60 g)

½ Bio-Zitrone

50 g zarte Haferflocken

4 Medjool-Datteln (ohne Stein)

50 g Mandeln (alternativ Haselnusskerne)

2 EL Hanfsamen

1 Prise gemahlener Zimt

Für die Schokocreme:

2 Medjool-Datteln (ohne Stein)

2 TL Kokosöl

2 TL Backkakao

25 g Mandeln (alternativ Haselnusskerne)

2 EL Ahornsirup

ZUBEREITUNG: Für die Bliss Balls die Möhre schälen und auf einer Küchenreibe fein raspeln. Die Zitrone heiß abwaschen, trocken tupfen, die Schale abreiben und den Saft auspressen. Möhrenraspel, 1 TL Zitronenabrieb und 2 EL Zitronensaft zusammen mit den restlichen Zutaten in einen Hochleistungsmixer geben und zu einer klebrigen Masse pürieren. Mit den Händen daraus ca. zwölf walnussgroße Bällchen formen.

Für die Schokocreme alle Zutaten mit 4 EL Wasser in einen hohen Rührbecher geben und mit einem Stabmixer zu einer glatten Creme pürieren. Jedes Bällchen mit einem Klecks Schokocreme toppen und nach Belieben mit einem Mandelsplitter dekorieren. Die Bliss Balls bis zum Vernaschen kühl stellen.

DIE KLEINEN *Energiekugeln gibt es bei uns oft als Nachtisch, wenn wir Besuch bekommen. Die sind nämlich ruckzuck gemacht, unfassbar lecker und zudem noch gesund. Die Version mit Möhren, Datteln und Mandeln erinnert mich immer an Möhrenkuchen, daher habe ich sie einfach Carrot Cake Bliss Balls getauft.*

FRUCHTIGE JOGHURT-BOWL MIT CRUNCH

500 g vegane Vanillejoghurt-Alternative (Soja)

500 g vegane Joghurt-Alternative (Kokos)

2 Bananen

2 Äpfel

250 g Bio-Erdbeeren

4 EL Cashewkerne

4 TL Hanfsamen

4 TL Leinsamen

4 TL Flohsamenschalen

ZUBEREITUNG: Vier Schalen oder tiefe Teller jeweils zur Hälfte mit Vanillejoghurt und zur anderen Hälfte mit Kokosjoghurt befüllen. Die Bananen schälen und in Scheiben schneiden. Die Äpfel waschen, vierteln, entkernen und in dünne Scheiben schneiden. Die Erdbeeren waschen und mit dem Grün vierteln oder in Scheiben schneiden. Bei Bio-Ware kannst du das Grün bedenkenlos verzehren, falls du die Blätter aber nicht mitessen magst, kannst du das Grün auch entfernen. Das Obst auf dem Joghurt hübsch anrichten und die Bowl mit Cashewkernen, Hanfsamen, Leinsamen und Flohsamenschalen bestreuen.

OB ALS GESUNDER *Start in den Morgen, energiereicher Snack zwischendurch oder fruchtiger Nachtisch – diese Joghurt-Bowl schmeckt herrlich erfrischend und liefert dir wertvolle Vitamine und Mineralstoffe für deinen Tag. Mich erinnert dieses leckere Rezept an Sommer!*

MEIN TIPP: Blätterteig-
taschen sind echte All-
rounder! Du kannst sie auch
mit anderen süßen oder
herzhaften Zutaten füllen.
Sie eignen sich zudem auch
super zum Einfrieren.

APFELTASCHEN

**2 Packungen veganer Blätterteig
(ca. 450 g)**
2 Äpfel
Margarine zum Bestreichen
2–3 EL Ahornsirup
**1–2 TL Bratapfelgewürz (alternativ
gemahlener Zimt)**

ZUBEREITUNG: Den Backofen auf 200 °C (Umluft) vorheizen. Ein Backblech mit Backpapier auslegen. Die Blätterteigplatten auf das Backblech legen und leicht antauen lassen. Die Äpfel waschen, vierteln, entkernen und in Scheiben schneiden.

Die Hälfte der Teigplatten mit Margarine bestreichen und mittig mit ca. zwei Apfelscheiben belegen. Die Scheiben mit Agavendicksaft beträufeln und mit Bratapfelgewürz bestreuen, dann mit den restlichen Blätterteigplatten belegen. Die Teigränder mit etwas Wasser befeuchten und zu Taschen verschließen. Die Apfeltaschen mit Margarine bestreichen und jeweils eine weitere Apfelscheibe drauflegen. In den heißen Ofen schieben und 15–20 Minuten (mittlere Schiene) backen, bis sie goldbraun und knusprig sind. Dabei aufpassen, dass sie nicht verbrennen!

Die fertig gebackenen Apfeltaschen aus dem Ofen nehmen und vor dem Servieren etwas abkühlen lassen. Wenn du es gerne süßer magst, kannst du noch etwas mehr Agavendicksaft über die Taschen träufeln.

AUCH WENN WIR *als Kinder wenig Süßigkeiten oder süßes Gebäck gegessen haben – Apfeltaschen waren eine Ausnahme und kamen oft auf den Tisch, wenn Gäste uns besuchten. Das Rezept habe ich von meiner Mutter und backe es immer gerne nach, wenn wir Besuch erwarten. Die Taschen sind schnell gemacht und kommen einfach immer gut an.*

MEINE LIEBLINGS-SMOOTHIES

Für den Himbeer-Banane-Smoothie:

1 reife Banane

80 g TK-Himbeeren

150 g vegane Vanillejoghurt-Alternative
   (Soja)

150 ml Sojadrink

frische Himbeeren zum Garnieren
   (nach Belieben)

Für den Ananas-Mango-Smoothie:

½ kleine Ananas

150 g TK-Mango

200 ml Kokosmilch (Dose)

Eiswürfel

Kokosraspel (nach Belieben)

ZUBEREITUNG: Für den Himbeer-Smoothie die Banane schälen und in Stücke schneiden. Alle Zutaten in einen Standmixer geben und cremig pürieren. Den Smoothie in zwei Gläser füllen und nach Belieben mit frischen Himbeeren dekorieren.

Für den Ananas-Mango-Smoothie die Ananas schälen und würfeln. Zwei kleine Stücke für die Deko beiseitelegen. Alle Zutaten in einen Standmixer geben und cremig pürieren. Den Smoothie in zwei Gläser füllen und mit Ananas und nach Belieben mit Kokosraspeln garnieren.

WER MICH KENNT *weiß, dass ich der größte Smoothie-Fan bin! Egal ob gelb, rot, pink oder grün – ich könnte jeden Tag einen trinken. Ich mixe mir oft einen Smoothie aus Proteinpulver, Samen, einer gereiften Banane, gefrorenen Früchten und einem Pflanzendrink meiner Wahl. Ab und zu gebe ich auch Nahrungsergänzungsmittel mit rein, wie beispielsweise die Vitamine B_{12} oder D_3.*

SMOOTHIE
BOWLS

---

1 | Für die perfekte **SMOOTHIE BOWL** brauchst du nur maximal vier Zutaten: Obst, Flüssigkeit, Topping und, wenn gewünscht, etwas extra Süße. Für eine beerige Bowl benötigst du **400 g Beeren-Mix (TK), 200 g Sojajoghurt** und **1 EL Agavendicksaft.** Getoppt wird das Ganze mit ½ **Banane** sowie ½ **EL Kokosflocken** und **Müsli.** Alternativ kannst du – wie bei den Smoothies, die du trinkst – auch eine grüne Bowl machen. Probiere es doch mal mit Avocado, Kiwi und Baby-Spinat.

2 | Smoothie Bowls eignen sich hervorragend dazu, unperfekte und nicht mehr ganz so frische Früchte **vor dem Wegwerfen zu retten!** Einfach in den Mixer geben, mit leckeren Toppings anrichten und fertig. Schmeckt lecker und reduziert Abfälle. Als Topping eignen sich Müsli, Kokosflocken, Nüsse, Samen oder Beeren – deinen Ideen sind hier keine Grenzen gesetzt.

3 | Natürlich sollten unsere Bowls zum Löffeln etwas fester sein als Smoothies. Für die **optimale Löffel-Konsistenz** eignen sich als Bindemittel Haferflocken, gequollene Chiasamen oder gefrorene Bananenscheiben. Auch Joghurt-Alternativen – statt Flüssigkeit eingesetzt – sorgen für eine cremige Bowl. Wer die Bowl noch fester und erfrischend kühl mag, kann auch ausschließlich gefrorene Früchte verwenden – vorausgesetzt, dein Mixer ist leistungsstark genug, um daraus eine cremige Masse zu zaubern.

EIN DANKESCHÖN

Zuerst möchte ich meinen Follower*innen danken, dass sie mich täglich begleiten und mich dazu gebracht haben, dieses Kochbuch zu veröffentlichen. Die fast täglichen Reposts meiner Gerichte von euch machen mich happy – ihr motiviert mich, immer weiterzumachen!

Danke auch an meinen Freund und Partner Felix, der mich bei allem unterstützt und immer hinter mir steht. Ohne dich hätte ich mit Instagram niemals auf diese Art angefangen und vermutlich schon längst aufgehört. Wir unterstützen uns gegenseitig und das ist ein echtes Geschenk!

Mein Dank geht an Paulina und Baptiste, die mit uns einige Rezepte gekocht und fotografiert haben. Baptiste hat die App Kuri herausgebracht, in der es ganz viele tolle Rezepte und wertvolle Tipps und Infos zum Thema Einkauf, Ökobilanz und Haltbarkeit der Lebensmittel gibt.

Danke an Lena Fuchs, die einen Teil der wunderschönen Rezeptfotos meiner Rezepte gemacht hat.

Danke an den Verlag Community Editions, der mir sehr viel Arbeit abgenommen und das Kochbuch für mich veröffentlicht hat!

Und danke an mein Management, das immer alles für mich regelt.

ÜBER CHARLOTTE WEISE

Charlotte Weise wurde 1992 in Deutschland geboren und hat nach ihrem Abitur Berufsschullehramt an der Universität Hamburg studiert. Seit 2019 lebt sie gemeinsam mit ihrem Freund Felix, Hundedame Mini und seit Ende 2021 auch mit ihrem gemeinsamen Sohn Mads in der Nähe von Barcelona. Charlotte arbeitet als Model und Content Creator. Dabei inspiriert sie täglich über 180.000 Menschen auf ihrem Instagram-Account zu Themen wie faire Mode, Nachhaltigkeit, Naturkosmetik, vegane Ernährung, Selbstliebe und positives Denken. Bekannt ist sie für ihre Tanzvideos auf Instagram, mit denen sie ein positives Körpergefühl und Lebensfreude vermitteln möchte. Tanzen und Hula-Hoop sind schon seit jungen Jahren leidenschaftliche Hobbys von ihr. Neben Tanz-Events mit ihrer Community veranstaltet Charlotte seit Jahren auch andere Aktionen wie Spenden-Events oder Müllsammelaktionen in verschiedenen Städten. Gute Laune gehört bei ihr immer dazu!

HIER FINDEST DU CHARLOTTE:

Website:
www.charlotteweise.de

Instagram:
@charlotte_weise

YouTube:
@CharlotteWeise
@felixundcharlotte3535

DISCLAIMER

Alle Angaben in diesem Buch wurden von Autorin und Verlag nach aktuellem Wissensstand sorgfältig erarbeitet und geprüft. Dennoch erfolgen alle Angaben ohne Gewähr. Die in diesem Buch enthaltenen Informationen sind weder völlig umfassend noch verbindlich. Autorin und Verlag haften nicht für eventuelle Nachteile und Schäden, die aus den im Buch gemachten praktischen Hinweisen und dem Genuss genannter Nahrungsmittel resultieren. Die in diesem Werk enthaltenen Ratschläge ersetzen nicht die Untersuchung und Betreuung durch einen Arzt.

IMPRESSUM

1. Auflage

© 2023 Community Editions GmbH
Weyerstraße 88–90
50676 Köln

Alle Rechte der Verbreitung, auch durch Film, Funk, Fernsehen, fotomechanische Wiedergabe, Tonträger aller Art, auszugsweisen Nachdruck oder Einspeicherung und Rückgewinnung in Datenverarbeitungsanlagen aller Art, sind vorbehalten.
Die Inhalte dieses Buches sind von Autorin und Verlag sorgfältig erwogen und geprüft, dennoch kann eine Garantie nicht übernommen werden. Eine Haftung von Autorin und Verlag für Personen-, Sach- und Vermögensschäden ist ausgeschlossen.

Text: Charlotte Weise
Coveridee: Charlotte Weise
Layout, Design & Satz: BUCH & DESIGN Vanessa Weuffel
Projektleitung & Redaktion: Sarah Völker
Lektorat: Marline Ernzer

Abbildungsnachweis:
© Felix Adergold: Cover-Vorderseite, Seiten 2, 4, 17, 20–24, 28, 36, 60–64, 68–72, 86, 100, 108, 112–114, 122, 126, 130, 148–150, 154–159 | © Lena Fuchs: Cover-Rückseite, Seiten 26, 34, 38–50, 56–58, 66, 78–84, 92–98, 106, 110, 120, 124, 128, 136–146 | © micheile dot com (Unsplash): S. 18 | © Vanessa Weuffel: S. 11 (Lollipop, Nüsse, Getränke)

Via stock.adobe.com – © alicja neumiler: S. 118 | © Artem Shadrin: S. 134 | © gitusik: S. 52–53 | © Iakov Kalinin: S. 76 | © Jiri Hera: S. 54 | © luigi giordano: S. 90 | © LIGHTFIELD STUDIOS: S. 32 | © lilechka75: S. 132–133 | © nerudol: S. 74–75, S. 152–153 | © ninamunha: S. 11 (Öl, Getreide, Obst) | © vaaseenaa: S. 30–31, S. 88–89, S. 102–103, S. 116–117 | © YesPhotographers: S. 104

Gesetzt aus der Bliss Pro von © Jeremy Tankard, Fedra Serif A von © Peter Biľak und der Nobel von © Tobias Frere-Jones.

Gesamtherstellung: Community Editions GmbH

ISBN 978-3-96096-345-5

Printed in Poland

www.community-editions.de